ANSELM GRÜN
Das große Buch vom wahren Glück

ANSELM GRÜN

Das große Buch vom wahren Glück

Herausgegeben von
Anton Lichtenauer

FREIBURG · BASEL · WIEN

Dieses Buch enthält ausgewählte Texte aus den folgenden Büchern von Anselm Grün:
– Das kleine Buch vom wahren Glück, Verlag Herder, 18. Auflage 2009
– Das kleine Buch der Lebenslust, Verlag Herder, 6. Auflage 2009
– Das kleine Buch vom guten Leben, Verlag Herder, 8. Auflage 2008
– Mit Anselm Grün zur inneren Balance finden, Verlag Herder, 5. Auflage 2009

Neuausgabe 2019

© Verlag Herder GmbH, Freiburg im Breisgau 2011
Alle Rechte vorbehalten
www.herder.de

Umschlaggestaltung: Verlag Herder
Umschlagmotiv: © Cora Müller / iStock / Getty Images

Satz: Weiß-Freiburg GmbH – Grafik und Buchgestaltung
Herstellung: GGP Media GmbH, Pößneck

Printed in Germany

ISBN 978-3-451-03232-5

Inhalt

Vorwort 7

Vom wahren Glück

Versöhn dich mit dir selbst
Der Weg zur Herzensruhe 12

Wenn das Glück zu Besuch kommt
Sei achtsam auf das Wunder 35

Loslassen – der Königsweg zum Glück
Vergiss dich selbst und werde frei 53

Unglück oder Glück – Es liegt an uns
Wie aus Krisen Chancen werden 71

Das Glück breitet sich aus
Liebe geben, Liebe nehmen 83

Hetze nicht – lebe
Ruhig und gelassen werden 91

Von der Lebenslust

Eine positive Energie
Was uns alle beflügelt 107

Stell dich in den Fluss des Lebens
Mit allen Sinnen ganz präsent 127

Das Leben tanzen
Im Einklang mit der Melodie der Freude 149

Der Himmel ist in dir
Die Kunst, glücklich zu sein 175

Sieh das Leben heiter
Von der Leichtigkeit des Seins 197

Jeder Augenblick ein Wunder
Genieße deine Zeit 209

Vom guten Leben

Mit dem Herzen sieht man besser
Dem Geheimnis auf der Spur 229

Wer loslässt, wird reich
Was das Leben wertvoll macht 239

Freude macht lebendig
Innere Weite und Entfaltung 251

Liebe schafft Gemeinschaft
Freundlich und barmherzig – gegen sich und andere 261

Immer mit der Ruhe
Wenn die Zeit still steht 281

Von der inneren Balance
295

Vorwort

Von Anton Lichtenauer

Das Märchen von Hans im Glück hat etwas Irritierendes. Da wird einer von allen über den Tisch gezogen, verliert sein ganzes Hab und Gut, und steht am Schluss doch nicht als der Dumme, sondern als der Glückliche da. Die Weisheit hinter dieser Geschichte ist weniger für Kinder als für Erwachsene gedacht und heißt: Es gibt keinen festen Wechselkurs zwischen Besitz und persönlichem Glück. Das Konto kann voll und die Seele leer sein. Nichts ist wechselhafter als äußere Umstände.

Die Frage bleibt: Wie macht man sein Glück? Woran liegt es, ob es andauert? Wie hängt das Innere mit dem Äußeren zusammen?

Das Wort »Glück« kommt nicht oft vor in den Texten dieses Buches. Es wird nichts versprochen. Schnelle Rezepte gibt es nicht. Aber der geheime Schwerpunkt aller Gedanken ist die Überzeugung: Zum Unglücklichsein ist kein Mensch geboren. Nicht zur Angst, nicht zum Leiden an sich selber und an seiner Umgebung. Zur Freude, zur Lust am Leben, zur inneren Freiheit sind wir, eigentlich, bestimmt.

Jeder will ja glücklich sein, am liebsten jetzt gleich und für immer. Keiner, der nicht davon träumt. Wie kommt es aber dann, dass so viele es dabei nur zur Meisterschaft in der Kunst, unglücklich zu sein, gebracht haben? Und dabei tun sie doch pausenlos alles für ihr Glück. Opfern ihre Zeit. Jagen Wunschzielen nach. Wollen es allen recht machen, perfekt sein. Beißen die Zähne zusammen und powern sich durch. Sind versichert gegen jegliches Risiko und offen für alles, was das Leben so bietet.

Anselm Grün fragt: Könnte es sein, dass wir vor etwas davonlaufen, wenn wir so hetzen? Wo ist das innere Feuer, wenn wir uns so ausgebrannt fühlen? Was ist der Grund der grassierenden Langeweile? Und wenn wir uns so schwer tun mit unserem Leben: Was steckt in dem großen, schweren Sack, den wir auf unserem Rücken schleppen und der einen so langen Schatten wirft?

Anselms Grüns Texte handeln oft von inneren Blockaden, von Fallen, die wir uns selber stellen. Er rät, dies zu sehen. Und erst einmal bei uns anzukommen, unsere wirklichen Gefühle und Gedanken wahrzunehmen. Beides sollte man kennen – zu seinem Glück: die eigenen Grenzen, aber auch die eigenen Träume und Sehnsüchte.

Glück ist ein leiser Vogel. Wie der Schlaf oder ein Traum wird er nicht kommen, wenn man ihn ruft. Streck ganz ruhig die Hand aus, und es kann sein, dass er sich darauf niederlässt. Greife nach ihm, und er ist verscheucht. Bewusst und gewollt das Glück anzustreben – das bringt nichts. Glück ist kein Ziel, zu dem man sich durchboxt. Es ist Überraschung, Beigabe.

Glück ist eine sanfte Gabe, die in den Schoß fallen mag. Also gilt: sanft mit sich umgehen. Barmherzig zu sich selber sein. Liebe geben und geliebt werden. Lieben und offen sein für Liebe. Nicht Habenwollen, sondern Hingabe macht lebendig. Und wer dankbar annimmt, was der andere uns schenkt, wird reich. Glück ist ein Geschenk.

Glück fällt einem zu. Ganz zufällig ist es allerdings nicht. Man kann etwas tun – zum Glück. Manchmal muss man sich nur die Augen reiben. Oder die dunkle Brille absetzen, die die Wahrnehmung verdüstert. Auch das gilt: achtsam sein auf das Geheimnis des eigenen Lebens. Bereit sein für unverhofften Besuch – und die Tür vor dem Glück nicht versperren.

Das ist das Paradox: Den inneren Frieden finden wir nicht, indem wir die ganze Welt erobern, sondern in uns selber. Wenn wir uns selber lieben, werden wir liebenswert. Wenn wir etwas ausstrahlen, verwandeln wir auch andere. Wer klammert, verweigert das Glück. Also heißt das: Halte nichts absolut fest. Weder Dinge, noch Gefühle, weder Besitz noch Urteile. Auch keine Bilder, weder von dir selber noch von anderen.

Überall dabei sein bringt es nicht. *Dasein* ist mehr – da sein im eigenen Leben, heute und hier, sich selbst zugewandt und offen für andere, durchlässig für das Traumbild unseres Glücks: »Folge deiner Lebensspur«, sagt Anselm Grün. Diese Spur führt durch den eigenen Alltag – zur Lebendigkeit, zur Lust am Dasein, zum Bild vom eigenen Leben als traumhaftem Fest. Schon die Vorfreude darauf ist das reinste Glück.

Vom wahren Glück

*Versöhn dich
mit dir selbst*

*Der Weg
zur Herzensruhe*

Der Weg zur Herzensruhe

*D*er, der ich bin, grüßt wehmütig den, der ich sein möchte.« Hinter diesem Satz des dänischen Philosophen Kierkegaard steckt eine Erfahrung, die wir alle kennen: Unsere Realität – so wie wir sind – und unser Ideal – unsere Vorstellung davon, wie wir eigentlich sein möchten – klaffen oft genug auseinander. Es ist durchaus verständlich, dass jeder Mensch gern ein Ideal repräsentieren will. Ideale haben die Kraft, unser Wachstum herauszufordern; Ideale brauchen wir, damit wir herausgelockt werden aus unseren Bequemlichkeiten. Aber leider identifizieren sich viele mit ihrem Ideal in einem Maß, dass sie nicht mehr den Mut haben, sich erst einmal so anzunehmen, wie sie sind. Sie weigern sich, ihre Realität anzunehmen. Sie meinen, sie seien nur dann beliebt, sie würden nur dann anerkannt von anderen Menschen, wenn sie etwas vorweisen könnten, wenn sie etwas besser könnten als andere. So verschmelzen sie nahezu mit ihrer Idealvorstellung. Viele sind besessen von einem Urmisstrauen, dass sie so, wie sie sind, nicht anerkannt werden. Sie sagen sich: Wenn du wüsstest, wie ich wirklich bin, könntest du mich nicht mehr akzeptieren. Oder: Wenn die Menschen wüssten, wie es in mir ausschaut, welche Fantasien ich habe, dann hätten sie keine Achtung mehr vor mir. Diesem Urmisstrauen nicht zu verfallen, dass ich mich so, wie ich bin, den anderen nicht zumuten möchte, nicht in diese Falle zu tappen, verlangt Demut; es verlangt Mut zur eigenen Wahrheit – und Mut, die eigenen Schattenseiten zu akzeptieren. Es tut schlicht weh. Aber Verleugnung ist kein Weg zum Glück und zum inneren Frieden. Die eigene Wahrheit in aller Demut anzunehmen führt viel eher zur Ruhe des Herzens.

Alles ist gut

Heiterkeit ist nicht einfach nur eine Charaktereigenschaft, mit der man geboren wird. Sie entsteht durch ein großes Vertrauen, dass man so, wie man ist, bedingungslos angenommen ist, dass alles letztlich gut ist. Und sie entsteht durch den Mut, die eigene Wahrheit anzuschauen.

Zwing dich zu nichts

Wer sich zu etwas zwingt und sich dabei selber überfordert, steht seinem eigenen Glück im Wege. Die antike Sagenfigur des Prokrustes ist alles andere als ein Glückssymbol: Prokrustes, jener Wegelagerer, der jeden Wanderer, der bei ihm vorbeikommt, in sein Bett steckt, um ihn diesem Möbel anzupassen. Die zu kurzen Wanderer zieht er mit Gewalt lang, die zu langen hackt er ab. Beide, die kurzen wie die langen, sterben unter dieser Radikalbehandlung. Das Prokrustesbett ist sprichwörtlich geworden: Es steht einmal für zu hohe Ideale, mit denen wir uns überfordern, mit denen wir uns langdehnen und dabei das Leben verlieren, weil wir uns vor lauter Überforderungen letztlich töten. Es steht aber auch dafür, dass wir zu klein von uns denken, dass wir uns ständig nur mit Schuldgefühlen zerfleischen und gering machen; das ist ebenso schädlich wie ein zu hohes Ideal.

Vollkommen ganz

Seid vollkommen«, heißt es in der Bibel. Man muss jedoch genau hinhören, was hier gemeint und gesagt ist. Sicherlich ist nicht der Vollkommenheitswahn der Perfektionisten verlangt. Dieses Wort »vollkommen«, »teleos« im Griechischen, meint eigentlich vollständig, ganz sein, auf ein Ziel gerichtet sein; das Wort »telos« kommt aus der Mysteriensprache und bedeutet ursprünglich »eingeweiht werden in das Geheimnis Gottes«. Wenn wir dafür unseren Begriff der Vollkommenheit anwenden, gehen wir an diesem Gehalt vorbei. Die Lateiner haben es schon missverstanden; denn auf sie geht die Übersetzung zurück: »perfecti estote, seid perfekt«. Aber Perfektsein ist etwas anderes als »vollkommen ganz sein«. Jesus interpretiert dieses Wort »vollkommen« ja mit: »wie euer himmlischer Vater, der seine Sonne über Guten und Bösen scheinen lässt«. Er verbindet beide Pole, Licht und Dunkelheit, das Gute und das Böse.

Die Himmelsleiter

Die geistliche Tradition kennt das Bild der Himmelsleiter. Der spirituelle Weg ist durchaus einer Leiter vergleichbar, die nach oben führt. Aber diese Leiter ist zugleich auch tief in die Erde eingerammt. Sie führt nur weiter, wenn wir unser Menschsein annehmen. Das ist das christliche Paradox: Wer hinabsteigt, der steigt hinauf. Wer hinaufsteigen möchte, um seiner Erdhaftigkeit zu entrinnen, der wird immer wieder herunterfallen – und mit seinem Vorhaben scheitern. Nichts anderes besagt das Wort Jesu: Wer sich selbst erniedrigt, wird erhöht werden, wer sich selbst erhöht, wird erniedrigt werden. Oder, wie es der Epheserbrief ausdrückt: Nur der steigt also zum Himmel empor, der zuvor hinabgestiegen ist – auf die Erde oder in seinen eigenen Hades.

Was Fehler zeigen können

Wir können unsere Schwächen und auch unsere Schattenseiten nie ganz eliminieren. Aber wir können lernen, mit ihnen anders umzugehen. Fehler an sich sind ja nicht so schlimm: Wenn wir uns z.B. versprechen, wenn wir uns blamieren, wenn wir etwas vergessen – das ist keine Tragödie. Aber es gibt bei vielen die Tendenz zu sagen: Wenn ich einen Fehler begehe, bin ich nichts wert; dann werde ich abgelehnt. Diese falsche Grundannahme lässt sie geradezu fixiert sein auf ihre Fehler. Die Folge: Man möchte unter allen Umständen Fehler vermeiden. Aber die Erfahrung zeigt: Wer jeden Fehler vermeiden möchte, dem passieren sie erst recht. Wer immer alles kontrollieren möchte, dem gerät sein Leben außer Kontrolle. Zu meinem Menschsein gehört, dass ich Fehler begehen darf. Und genauso gehört dazu, dass ich mit meinen Fehlern und trotz meiner Schwächen angenommen und geliebt werde. Freilich gehört zum Menschsein auch, dass wir an den Fehlern arbeiten, dass wir nicht einfach die Hände in den Schoß legen und sagen: So bin ich, anders könnt ihr mich nicht haben. Aber: Erst wenn ich mich wirklich annehme – und zwar mit meinen Fehlern –, kann ich diesen zweiten Schritt machen und manches zu verbessern suchen. Darauf zielt ja Askese: dass ich mich trainiere, dass ich mich in eine Form bringe, die mir gut tut, dass ich in einen Zustand komme, in dem ich mich frei fühle. Freilich: Auch Askese wird nie dahin führen, dass wir keine Fehler machen; die Fehler werden immer wieder zu uns kommen und mir immer neu zeigen, dass ich Mensch bin und nicht Gott.

Wer Neues wagt, zeigt Mut

Wir leben in einer Welt und in einer Gesellschaft, die Schwächen gegenüber nicht nachsichtig gesinnt ist. Gewiss, es ist notwendig, dass man sich in seinem Beruf bemüht, fehlerfrei zu arbeiten. Aber: In den Betrieben zeigt sich oft auch, dass diejenigen, die absolut keine Fehler begehen wollen, nie etwas Neues schaffen. Manager, die nur fehlerfrei erscheinen wollen, kleben an ihrem Stuhl, am Erhalt ihrer Macht. Sie haben Angst vor dem Neuen. Wer Neues wagen will, macht auch Fehler. Fixierung auf Fehlerfreiheit lähmt – und führt dazu, dass wir nur immer das Alte wiederholen und voller Angst darauf achten, dass uns niemand etwas nachweisen kann. Ich denke: Daran ist der Mangel an Mut und Vertrauen schuld. Eine solche Haltung macht übervorsichtig – und letztlich unglücklich.

Nimm deine Grenzen an

Jeder Perfektionsdrang hat mit Allmachtsfantasien zu tun. Der Mensch erfährt sich als Kind hilflos und ohnmächtig, aber er möchte dieser Hilflosigkeit, die mit seinem Menschsein einfach gegeben ist, entfliehen. Eine Möglichkeit zu solcher Flucht sind diese Allmachtsfantasien: dass ich der Stärkste bin, dass ich alles kann, was ich will. Aber das ist eben eine Illusion. Hierin liegt letztlich auch die Ursünde: sein zu wollen wie Gott, keinen Fehler zu haben, alles zu können, was ich will. Das ist eine Versuchung, die nicht zum Leben führt, sondern den Menschen sich selbst entfremdet und letztlich aus dem Paradies vertreibt. Nicht der Zwang zur Perfektion, sondern nur das Eingeständnis meiner Menschlichkeit und meiner Ohnmacht führt dazu, dass ich innerlich frei werde, dass ich dann aber auch das tue, was in meiner Macht steht. Es geht immer um die richtige Spannung zwischen Macht und Ohnmacht. Beide gehören zu uns. Der Mensch ist nicht nur ohnmächtig und hilflos, sondern er kann auch etwas bewirken. Macht ist ja auch etwas Positives. Etwas vermögen und können, etwas gestalten, Leben formen, das gehört zu unseren positiven Möglichkeiten. Nur sollten wir dabei immer unsere eigenen Grenzen wahrnehmen. Ich kann nicht alles, was ich will. Ich muss spüren, was meine Veranlagung, was für mich möglich ist. Sicher: Ich kann bis an Grenzen gehen. Aber auch deshalb, um sie erfahren und annehmen zu können.

Jeder ist besonders

Viele Menschen möchten etwas Besonderes sein. Und natürlich ist jeder Mensch auch etwas Einmaliges. Aber »ihr« Besonderes sehen viele nur in größerer Macht, in größerem Besitz. Ich muss jedoch auch in mich hineinschauen: Was ist meine Lebensgeschichte, was sind meine Verletzungen, was ist meine Sensibilität? Denn alles dies gehört zu mir – auch meine Verletzungen, meine Fehler, meine Schwächen. Nicht nur meine Stärken. Nur wenn ich mich damit aussöhne, entdecke ich, dass ich einzigartig bin, ein einmaliger Ausdruck Gottes. Wenn ich jedoch etwas Besonderes sein will und dafür meine Menschlichkeit überspringe, dann werde ich immer auf die Nase fallen.

Mut zur Menschlichkeit

Mich selbst anzunehmen – so wie ich bin –, das gehört sicher mit zum Schwierigsten, was von mir verlangt ist. Dazu braucht es Demut, und die Demut verlangt dies: hinabzusteigen in die Abgründe meiner Seele, in die Dunkelheit, in meine aggressiven, mörderischen, sadistischen, masochistischen Tendenzen. Jeder, der ehrlich sich selber gegenüber ist, wird sie in sich spüren. Demut verlangt, dass ich hinabsteige in diesen Abgrund, in diese meine Hilflosigkeit. Das ist gewiss das Allerschwierigste. Aber genau das meint das christliche Wort von der Humilitas, von der Demut: den Mut zu haben, hinabzusteigen in die Menschlichkeit. Leider versuchen viele Christen, die ganz christlich sein wollen, diesen Weg zu überspringen. In Amerika spricht man von spirituellem Bypassing, also von spiritueller Abkürzung. Wer so handelt, möchte sich an schönen religiösen Gedanken, Gefühlen, Idealen erbauen und zugleich seiner Menschlichkeit entkommen.

Der unerlöste Rest

Wir brauchen nur in unsere Träume zu schauen, um zu erfahren: So moralisch einwandfrei sind wir gar nicht, wie wir das nach außen hin darstellen wollen. Aber das ist für mich das Tröstliche der christlichen Botschaft: Jesus ist hinabgestiegen in den Hades, in das Höllenreich – in meine eigene Hölle. Er hat alles Tote, Verweste, Verdrängte zärtlich berührt und führt es wieder neu zum Leben. Das Wichtigste ist das Vertrauen darauf, dass alles sein darf. Doch viele Menschen haben Angst davor, in sich hineinzuschauen, weil sie meinen, ihr ganzes Lebensgebäude würde dann zusammenfallen. Wenn man sie nach ihrer Angst befragt, sagen sie: Ich habe dann keinen Halt mehr. Oder: Ich bin ganz schlimm, ich werde etwas entdecken, was mich zerstört, womit ich nicht zurechtkomme, was ich nicht aushalten kann. Entscheidend aber ist, dass ich dies alles nicht alleine anschauen muss und mich deshalb nicht unter Leistungsdruck zu stellen brauche. Ich kann dies immer unter den milden Augen Gottes tun. Vor Gott bin ich mir bewusst: Alles darf sein, es gibt nichts Schlimmes; nichts, was in mir ist, macht mich schlecht, alles kann verwandelt werden – auch mein unerlöster Rest.

Fremdbestimmung

Viele Menschen machen sich völlig abhängig von den Urteilen und Maßstäben ihrer Umgebung. Heute gilt nicht die Frage, wie bekomme ich einen gnädigen Gott, sondern wie bekomme ich einen gnädigen Mitmenschen. Wir sind darauf aus, die Erwartungen der anderen zu erfüllen, bei allen beliebt zu sein. Aber das führt uns nicht zur Freiheit, nicht zum Menschsein und nicht zu unserer Würde. Im Gegenteil: Ständig kreisen wir dann um das, was die anderen über uns denken, was sie erwarten, was sie möchten. Unser ganzes Lebenskonzept baut dann darauf auf, bei anderen beliebt zu sein. Das aber ist gegen unsere Würde.

Vergebung erfahren

Wer zu sehr auf Perfektion fixiert ist, dem möchte ich sagen: Sogar die Sünde kann mich dazu bringen, mein selbstgebautes Lebenskonzept, das mich einengt und wie eine Mauer umgibt, zu überwinden, die Begrenzung über den Haufen zu werfen und Gott an mich heranzulassen. Jesus hat sich ja nicht umsonst den Sündern zugewandt. Die Sünder spüren noch, dass sie auf Gott angewiesen sind, während der Perfekte sich gegen alles abschirmt und letztlich auch Gott nicht an sich heranlässt. Natürlich werden wir immer wieder schuldig, ob wir wollen oder nicht. Zur Schuld gehört aber zunächst einmal das Eingeständnis meiner Menschlichkeit, dann das Sich-Gott-Hinhalten und die Erfahrung von Vergebung: dass ich angenommen bin auch mit meiner Schuld, dass ich nicht festgelegt bin durch meine Schuld, dass ich nicht festgelegt bin durch meine Vergangenheit. Das ist doch der Kern der christlichen Botschaft: dass wir immer wieder neu anfangen können und nie einfach durch die Schuld gescheitert sind, dass unser Leben immer wieder neu und ganz werden kann.

Schritte aus der Perfektionismusfalle

Gelassenheit, Freiheit, Selbstwertgefühl, Glück – das ist nicht vereinbar mit der Angst, die hinter dem Perfektionismus steckt; mit der tiefen Angst vor der Wertlosigkeit. Warum möchte ich denn eigentlich perfekt sein? Fühle ich mich nur wertvoll, wenn ich keine Fehler mache? Steckt dahinter die Angst, dass ich nur wertvoll bin, wenn ich etwas leiste, wenn ich eben fehlerfrei bin?

Es gibt einen Weg aus der Perfektionismusfalle.

Nur zwei Schritte sind nötig, um diesen Weg zu gehen:

Der erste Schritt ins Freie kann nur sein, diese Angst zu entlarven. Erst, wenn die Angst durchschaut ist, kann ich die frohe Botschaft vernehmen, die heißt: Du bist wertvoll, weil du bist. Und nicht nur dann, wenn du perfekt bist.

Der zweite Schritt wird sein: nachzuforschen, warum es mir so viel ausmacht, einen Fehler zu begehen. Was ist die Grundangst? Weil der Fehler so schlimm ist? Oder ist es die Angst vor dem Urteil der Menschen? Habe ich solch ein Idealbild von mir selbst, dass ich ohne es gar nicht leben kann? Was geschieht denn, wenn ich den Fehler eingestehe? Ich muss zwar von manchen Illusionen Abschied nehmen, doch wäre vielleicht gerade dies der Weg zur inneren Freiheit. Was ist eigentlich meine tiefste Sehnsucht, wenn ich fehlerfrei sein möchte? Und weiter: Wenn ich einen Fehler begehe, ist es denn so schlimm? Was geht denn dann zu Bruch? Nur meine Illusion? Oder die übertriebene Erwartung der anderen? Aber muss ich denn die Erwartungen erfüllen?

Tröstlich

Es ist eine tröstliche Botschaft der Bibel: Auch die großen Gestalten der Heilsgeschichte waren Menschen. Wenn wir Paulus oder Petrus oder Moses oder David nachfolgen wollen, heißt das keineswegs, dass wir perfekt sein müssen. Diesen großen Vorbildgestalten nachzufolgen bedeutet etwas anderes. Es heißt, dass wir uns immer wieder neu in unserer Situation mit unseren Fehlern und Schwächen, aber auch mit unseren Fähigkeiten fragen, was Gott von mir will, was meine ureigene Sendung ist. Und: Auch meine Fehler können durchlässig werden für Gott. Denn wenn ich Fehler habe, dann bin ich dem anderen gegenüber sensibler, werde mich nicht über ihn stellen, sondern werde barmherziger sein – und das ist dann wie eine Verkündigung von Gottes Barmherzigkeit und Liebe. Der perfekte Mensch verkündet das Bild eines Buchhaltergottes, der genau nachrechnet, ob etwas in Soll oder in Haben gebucht wird, das Bild eines Leistungsgottes, die Gottesperfektion. Aber Jesus verkündet den Vater – natürlich auch den, der uns herausfordert, aber vor allem den barmherzigen Vater, der uns annimmt, wie wir sind.

Nimm dich nicht zu ernst

Es braucht das Lächeln eines Kindes, um Dich selbst annehmen und lieben zu können, den feinen Humor eines Menschen, der in seinem Herzen noch Kind geblieben ist. Wer sich zu ernst nimmt, der muss sich entweder groß machen und als wichtige Persönlichkeit gebärden, oder aber er verachtet sich selbst und macht sich kleiner, als er in Wirklichkeit ist. Dich selbst lieben heißt, Dich so lieben, wie Du geworden bist.

Sei zärtlich zu dir selber

Sich mit sich selbst versöhnen heißt: Frieden stiften mit mir selbst, einverstanden sein mit mir, so, wie ich geworden bin. Den Streit schlichten zwischen den verschiedenen Bedürfnissen und Wünschen, die mich hin und her zerren. Die Spaltung aufheben, die sich in mir auftut zwischen meinem Idealbild und meiner Realität. Die aufgebrachte Seele beruhigen, die sich immer wieder auflehnt gegen meine Wirklichkeit. Und es heißt, das küssen, was mir so schwerfällt, meine Fehler und Schwächen küssen, zärtlich umgehen mit mir selbst, gerade mit dem, was meinem Idealbild widerspricht.

Geh barmherzig mit dir um

Barmherzig mit sich selbst umgehen, heißt zärtlich zu sich sein, gut mit sich umgehen, nicht gegen sich wüten, sich nicht mit Vorsätzen überfordern, sondern zunächst einmal: ein Herz haben für das Schwache und Verwaiste in mir.

Wir gehen oft sehr unbarmherzig mit uns um. Wir verurteilen uns, wenn wir einen Fehler machen. Wir beschimpfen uns, wenn etwas einmal schief läuft.

Wir haben in uns ein hartherziges Über-Ich, das all unsere Gedanken und Gefühle beurteilt, das uns bestraft, wenn wir seinen Forderungen nicht entsprechen. Gegen dieses unbarmherzige Über-Ich kommen wir oft nicht an. Da brauchen wir die Worte Jesu, der uns den barmherzigen Vater vor Augen führt, der den verlorenen Sohn nicht verstößt, sondern ein Fest mit ihm feiert, weil er, der verloren war, wieder gefunden wurde, weil er, der tot war, wieder zum Leben erweckt wurde. Da brauchen wir einen Engel der Barmherzigkeit, der den inneren Richter in uns entmachtet und unser Herz mit erbarmender Liebe erfüllt.

In Berührung mit dem eigenen Herzen

Ich kenne viele Menschen, die sich sehr für kranke und einsame Menschen einsetzen, die aber ganz und gar unbarmherzig mit sich selbst umgehen. Doch solche Unbarmherzigkeit sich selbst gegenüber wird auch die Hilfe andern gegenüber verfälschen. Da wird sich in meine Liebe ein Besitzanspruch einschleichen. Da bin ich dann ärgerlich, wenn meine übergroße Liebe nicht honoriert wird. Damit ich den andern von Herzen liebe, damit ich wirklich ein Herz für ihn oder sie haben kann, muss ich zuerst selbst in Berührung kommen mit meinem Herzen, muss ich mein Herz zunächst all dem Armen und Unglücklichen in mir zuwenden. Dann werde ich andere nicht verurteilen, sondern ich werde sie gerade mit all dem Unglücklichen, Zerrissenen, Elenden, Unansehnlichen in mein Herz aufnehmen. Dann wird meine Hilfe ihnen kein schlechtes Gewissen vermitteln. Sie werden vielmehr Platz und Heimat finden in meinem Herzen.

Ein heiliger Raum

Die Mystiker sagen es: In jedem von uns existiert ein Raum der Stille und Freiheit. Diesen Raum müssen wir nicht erst schaffen, er ist schon in uns. Hier sind wir ganz und heil. Dieser Raum ist nicht beschädigt durch unsere Fehler und Schwächen, nicht beeinträchtigt durch die Urteile und Verurteilungen der Menschen, durch ihre Erwartungen. Hier können wir ausruhen, weil dort Gott selber in uns wohnt. Wenn wir mit diesem Raum in Berührung kommen, dann haben Fehler keine Macht mehr über uns, dann können wir sie zulassen, weil wir wissen, es gibt diese lautere und unversehrte Wirklichkeit in uns. Ich kann immer wieder die Erfahrung dieses inneren Raums machen, ich kann sie jedoch nicht erzwingen. Aber wenn ich mich einer Meditation hingebe oder wenn ich mich einfach ganz vergesse – zum Beispiel im Schauen auf einen Sonnenaufgang –, dann ahne ich etwas von diesem Einssein, Heilsein; dann fällt dieser Zwang ab, perfekt sein zu müssen; dann spüre ich, es ist einfach gut. Viele Menschen, viel mehr als wir denken, machen diese Erfahrung des Einsseins mit sich, mit der Natur. Einverstanden sein mit dem Leben, das ist für mich eine tiefe spirituelle Erfahrung. Die Bibel, der Hebräerbrief, spricht vom Allerheiligsten, in das Christus eingezogen ist, und in das wir jetzt schon eintreten können. Eckehart spricht vom »Seelenfünklein«, Teresa vom »innersten Gemach der Seelenburg«. Die »innere Zelle« nennt es die heilige Katharina von Siena. Das sind Bilder, die uns helfen können. Man kann das freilich immer nur im Augenblick erfahren. Man kann diese Erfahrung nicht festhalten. Aber sie gehört zu den tiefen spirituellen Momenten wirklichen Glücks. Sie ist der Grund tiefster Heiterkeit.

Heiterkeit steckt an

In der Nähe eines heiteren Menschen kann man sich nicht über den Weltuntergang unterhalten. Da kann man sich nicht in einem Jammern über die Zustände dieser Welt ergehen. Der Heitere verschließt die Augen nicht vor der konkreten Situation dieser Welt. Er verdrängt das Dunkle nicht. Aber er sieht alles aus einer anderen Perspektive heraus, letztlich aus einer Perspektive des Geistes, der auch die Finsternis durchschaut, bis er auf den leuchtenden Grund Gottes darin stößt.

Nähe, die gut tut

Einem heiteren Menschen kann man keine Angst einjagen. Er ruht in sich. Und so kann ihn nichts umwerfen. Wenn Du mit einem so heiteren Menschen sprichst, dann kann sich auch Dein Inneres aufheitern, dann siehst Du auf einmal Dein eigenes Leben und Deine Umgebung mit anderen Augen. Es tut Dir gut, in der Nähe eines heiteren Menschen zu sein. Du weißt, wie niederdrückend Menschen sein können, die alles durch ihre dunkle Brille sehen, die fixiert sind auf das Negative, das sie überall entdecken. Der heitere Mensch hellt Dich auf. Du fühlst Dich auf einmal leicht. So wünsche ich Dir die Begegnung mit vielen Engeln der Heiterkeit.

*Wenn das Glück
zu Besuch kommt*

*Sei achtsam
auf das Wunder*

Das Glück kommt zu Besuch

Es gibt nur einen angeborenen Irrtum, und es ist der, dass wir da sind, um glücklich zu sein.« Von Arthur Schopenhauer stammt dieser Satz, und er scheint zu bestätigen, dass Schopenhauer ein hoffnungsloser Pessimist war. Dennoch steckt auch in diesem Satz ein Stück Wahrheit. Je mehr wir direkt das Glück wollen, desto weniger werden wir es erreichen. Ich kann das Glück nicht bewusst anstreben. Glücklich werde ich sein, wenn ich liebe, wenn mir etwas gelingt, wenn ich etwas erfahre, was mich tief berührt. Ich kann mich für die Liebe entscheiden.

Ich kann mich bemühen, meine Arbeit gut zu tun, damit sie mir gelingt. Ich kann mich der Musik aussetzen, einen Spaziergang durch eine wunderschöne Landschaft machen. Wenn ich ganz in dem bin, was ich gerade tue, im Musikhören, im Wandern, im Schauen, im Schmecken, dann kommt das Glück zu mir.

Ich kann nicht zum Glück kommen, um es zu erhaschen. Das Glück wird mich besuchen, wenn ich mich auf das Leben einlasse, wenn ich offen bin für das Überraschende, das das Leben für mich bereithält.

Glückliche Ochsen?

»Wäre das Glück in den Freuden des Leibes, so dürften wir die Ochsen für glücklich halten, wenn sie wilde Zuckererbsen zu fressen finden.« Der antike griechische Philosoph Heraklit hat seine Philosophie vom Glück so drastisch ausgedrückt. Trotzdem hat er nicht ganz recht: Wenn ein Kind glücklich ist, drückt es das Glück im Leib aus. Das Glück ist leibhaft. Wenn wir uns wohl fühlen in unserem Leib, ist das schon eine Ahnung von Glück. Für Heraklit besteht das Glück nicht in den Freuden des Leibes. Ist das Ausdruck asketischer Leibverachtung? Ich denke nicht. Im Leib fühle ich mich glücklich, wenn ich in Beziehung bin mit meinem Leib, wenn mein Geist im Leib wohnt, wenn ich meinen Leib liebe und in diesem Leib mein Selbst. Nicht die Erfüllung leiblicher Bedürfnisse macht glücklich. Denn die kann auch zu einer Sucht werden, die zum Unglück führt. Nur wenn der Geist im Leib wohnt, wenn der Geist mit den Sinnen des Leibes schaut, hört, riecht, schmeckt und betastet, wird er das Glück leibhaft erleben. Aber zum Glück gehört immer auch die Grenze. Ich kann beim Schmecken einer süßen Speise Glück erfahren, aber nur, wenn ich ganz im Schmecken bin, ganz in diesem Augenblick. Wer alles in sich hineinschlingt, wer beim Essen Angst hat, zu kurz zu kommen, der kann nicht genießen. Genießen setzt Verzichten voraus, Glück die Askese.

Lebenslust beginnt am Morgen

Der Engel der Lebenslust beginnt schon am Morgen damit, mir die Augen zu öffnen für das Geheimnis dieses Tages, für die kleinen Freuden, die für mich bereitliegen, für die frische Luft, die durch das offene Fenster einströmt, für meinen Leib beim Duschen, für das frische Brot beim Frühstück, für die Begegnung mit Menschen, mit denen ich heute zu tun habe. Der Engel der Lebenslust nimmt mich an die Hand und zeigt mir, dass das Leben in sich schön ist. Es ist schön, gesund zu sein, seinen Leib zu bewegen. Es macht Spaß, frei durchzuatmen. Und es ist eine Freude, die täglichen Überraschungen des Lebens bewusst wahrzunehmen.

Grund zum Feiern

Für die stoische Philosophie ist unser Leben ein permanentes Fest. Wir feiern, dass wir Menschen sind mit einer göttlichen Würde. In der Langsamkeit unserer Bewegungen wird etwas von diesem Fest erfahrbar. Wir fassen die Dinge langsam an, wir schreiten langsam. Wir lassen uns Zeit für ein Gespräch. Wir lassen uns Zeit zum Essen. Wir essen ganz langsam und bewusst. Und auf einmal merken wir, wie gut es schmeckt. Wir können genießen. Wir feiern auch ein Fest, wenn wir ganz langsam eine Scheibe Brot kauen.

Nichts Besonderes?

Achtsamkeit hat zu tun mit Erwachen. Wer achtsam auf seinen Atem achtet, wer achtsam seine Schritte lenkt, wer achtsam den Löffel in die Hand nimmt, wer ganz bei dem ist, was er gerade tut, der wacht auf. Die Achtsamkeit möchte uns in Kontakt bringen mit den Dingen, mit den Menschen. Ein Zen-Mönch wurde einmal gefragt, was er denn für eine Meditationspraxis habe. Er antwortete: »Wenn ich esse, dann esse ich. Wenn ich sitze, dann sitze ich. Wenn ich stehe, dann stehe ich. Wenn ich gehe, dann gehe ich.« Da meinte der Frager: »Das ist doch nichts Besonderes. Das tun wir doch alle.« Da sagte der Mönch: »Nein, wenn Du sitzt, dann stehst Du schon. Und wenn Du stehst, dann bist Du schon auf dem Weg.«

Wunder geschehen

Wo kein Wunder geschieht, ist kein Beglückter zu sehn.« Friedrich Schiller hat diese mehr auf den ersten Blick überraschende Wahrheit formuliert. Er hat in seinem Gedicht »Das Glück« dargestellt, wie das Glück nicht durch eigene Leistung erkauft oder durch eigene Anstrengung erwirkt werden kann. Glück ist in der Tat letztlich immer Geschenk, immer ein Wunder.

Wunder kann man nicht machen.

Wunder geschehen.

Wunder überraschen uns.

Wunder stellen sich ein.

Und Wunder kommen immer vom Himmel. Sie fallen auf uns herab. Wir können nur die Hände aufhalten, damit das Wunder nicht an uns vorüberfällt. Unsere Aufgabe ist, das Wunder des Glücks zu ergreifen, das Gott uns zuwirft.

Prüfe dein Denken

Wir sollen prüfen, was wir denken, wie weit wir uns mit unseren Gedanken selbst schaden. Entspricht unser Denken der Wirklichkeit oder verfälschen wir die Realität? Woher nehmen wir die Deutung der Wirklichkeit? Wenn ich meinen Beruf und meine Arbeit negativ deute, als Ausbeutung, als langweilig, als Überforderung, werde ich sie auch so erleben. Von meinem Denken hängt ab, wie ich mich fühle, wie ich den Menschen um mich herum begegne und wie ich meinen Alltag erfahre. Denke ich das, was alle um mich herum denken oder denke ich die Gedanken Gottes?

Wenn wir mit den Augen Gottes die Wirklichkeit sehen, werden wir klar erkennen, was für uns gut ist und was uns ganz macht und heil, was uns zum wahren Leben führt.

Lerne, zu sein

Lerne die Kunst, zu *sein,* intensiv zu leben.

Probiere es einfach einmal, bewusst langsamer zu gehen, wenn Du in der Arbeit von einer Bürotüre zur andern willst.

Versuche, beim Spazierengehen bewusst jeden Schritt zu spüren; wahrzunehmen, wie Du die Erde berührst und sie wieder lässt.

Versuche, langsam und bewusst Deine Tasse in die Hand zu nehmen.

Zieh Dich am Abend langsam aus.

Du wirst sehen, wie dann alles zum Symbol wird, wie das Ablegen der Kleider zum Ablegen des Tages mit seiner Mühe werden kann.

Wichtig ist, was gerade ist

Es ist eine große Gnade, sich selber annehmen zu können. Aber die Gnade aller Gnaden besteht darin, sich selbst vergessen zu können. Ich kenne Menschen, die ständig um sich kreisen. Wenn sie im Urlaub sind, können sie sich nicht auf die Schönheit der Landschaft einlassen, weil sie sich fragen, ob sie den richtigen Urlaub gebucht haben, ob es wohl dort, wo sie sonst hin wollten, besseres Wetter gebe. Wenn sie einem Menschen begegnen, überlegen sie, was er von ihnen denkt. So sind sie blockiert, sich wirklich auf ihn einzulassen. Wenn sie beten, fragen sie sich, was es ihnen bringt. Bei allem, was sie tun, steht ihnen ihr Ego im Weg. Sich selbst zu vergessen ist die Kunst, sich ganz auf das einzulassen, was gerade ist. Nur wenn ich mich selbst vergesse, bin ich wirklich da.

Nur wenn ich aufhöre, ständig an mich und meine Wirkung nach außen zu denken, kann ich mich auf eine Begegnung, auf ein Gespräch einlassen und genießen, was da zwischen uns entsteht.

Wenn Fesseln sich lösen

Auch der Traum ist eine Wirklichkeit, die in die äußere Realität hinein wirkt. Wenn sich im Traum unsere Fesseln lösen, dann werden wir auch in der Realität des Alltags freier auftreten. Was im Unbewussten geschieht, ist wirklich und wirkt bis in die bewusste Realität hinein. Wenn ich davon träume, dass die Gefängnismauern zusammenstürzen, dann ist auch in der Realität mein Gefängnis aufgebrochen. Wenn ich träume, dass die Verfolger mich aus dem Auge verlieren, dann bin ich schon einen Schritt weiter auf dem Weg meiner Selbstwerdung.

Bewerte nichts

In der Achtsamkeit werde ich sensibel dafür, wie unachtsam ich in vielem bin. Das nehme ich dann auch wahr, ohne es zu bewerten. Wahrnehmen, ohne zu bewerten, das führt zur Ruhe. Die Ursache unserer Unruhe liegt oft darin, dass wir alles, was wir tun, bewerten. Und meistens entspricht es nicht der Messlatte unserer Wertmaßstäbe. So sind wir unzufrieden mit uns und dieser Welt, und es entsteht in uns eine diffuse Unruhe. Wenn ich bewusst wahrnehme, was ist, ohne es zu bewerten, dann kann ich es so lassen, ohne es ändern zu müssen. Und wenn ich es lassen kann, dann verwandelt es sich von alleine. Wenn ich meine Unachtsamkeit lassen kann, ohne dagegen zu kämpfen, dann verwandelt sie sich in Achtsamkeit, ohne dass ich es mit vielen komplizierten Methoden und Techniken selber machen muss. Ich nehme in aller Ruhe meine Unruhe wahr. Ich spüre, dass sich in mir vieles bewegt. Aber dieses Ich, das spürt, ist selbst nicht in der Unruhe.

Lerne, zu warten

Warten bewirkt beides in uns: die Weite des Blickes und die Achtsamkeit auf den Augenblick, auf das, was wir gerade erleben, auf die Menschen, mit denen wir gerade sprechen. Warten macht das Herz weit. Wenn ich warte, spüre ich, dass ich mir selbst nicht genug bin. Jeder von uns kennt das, wenn er auf einen Freund oder eine Freundin wartet. Er blickt jede Minute auf die Uhr, ob es noch nicht Zeit für ihr Kommen ist. Er ist gespannt auf den Augenblick, da der Freund oder die Freundin aus dem Zug aussteigt oder an der Haustüre klingelt. Und wie enttäuscht sind wir, wenn statt des Freundes jemand anders an der Haustüre steht. Warten erzeugt in uns eine prickelnde Spannung. Wir spüren, dass wir uns selbst nicht genug sind. Im Warten strecken wir uns aus nach dem, der unser Herz berührt, der es höher schlagen lässt, der unsere Sehnsucht erfüllt.

Behutsam

Achtsamkeit kommt von achten, aufmerken, überlegen, nachdenken. Ich handle überlegt, aufmerksam, bewusst. Ich bin ganz bei dem, was ich tue. Ich weiß um das, was ich tue. In meinem Tun bin ich mit all meinen Sinnen dabei. Da sind der Leib und der Geist in gleicher Weise tätig. Achtsam sein heißt auch, dass ich in jedem Augenblick ganz gegenwärtig bin. Ich spüre das Geheimnis des Augenblicks, das Geheimnis der Zeit, das Geheimnis meines Lebens. Und ich bin mit vollem Wissen und klarer Überlegung bei dem, was ich tue, was ich berühre, womit ich arbeite. Ich nehme bewusst und achtsam mein Handwerkszeug in die Hand, meinen Kugelschreiber, meinen Autoschlüssel. Ich gehe behutsam mit meinem Computer um. Ich bin in meinen Sinnen, in meinem Leib. Ich nehme wahr, was sich in mir regt, aber ohne ängstlich zu grübeln, ob diese oder jene Regung in meinem Leib auf eine Krankheit hinweist. Ich gehe achtsam. Ich bin in meiner Bewegung, in jedem Schritt. Ich spüre meinen Leib, meine Muskeln, meine Haut. Natürlich kann ich nicht jeden Augenblick bewusst leben. Das wäre wieder eine Überforderung. Aber es ist eine gute Übung, täglich einige Zeit bewusst in dieser Achtsamkeit zu leben.

Das Eigentliche wird uns geschenkt

Wer nicht warten kann, der wird nie ein starkes Ich entwickeln. Er wird jedes Bedürfnis sofort befriedigen müssen. Aber dann wird er völlig abhängig von jedem Bedürfnis. Warten macht uns innerlich frei. Wenn wir warten können, bis unser Bedürfnis erfüllt wird, dann halten wir auch die Spannung aus, die das Warten in uns erzeugt. Das macht unser Herz weit. Und es schenkt uns überdies das Gefühl, dass unser Leben nicht banal ist. Wir sehen dies, wenn wir auf etwas Geheimnisvolles warten, dann warten wir auf die Erfüllung unserer tiefsten Sehnsucht. Dann erkennen wir: Wir sind mehr als das, was wir uns selbst geben können. Warten zeigt uns, dass das Eigentliche uns geschenkt werden muss.

Du bist wertvoll

Was macht das Spannende des Wartens aus? Wie fühlst Du Dich, wenn Du auf das Kommen eines lieben Menschen wartest? Es tritt etwas Neues in Dein Leben. Du wirst beschenkt. Du freust dich auf den Menschen. Du fühlst Dich lebendig. Starke Gefühle steigen in Dir hoch. Du wartest nicht nur selbst. Du wirst auch erwartet. Wie fühlst du Dich, wenn andere auf Dich warten, wenn Gott auf Dich wartet? Andere haben Erwartungen an Dich. Die Erwartungen können Dich einengen. Aber wenn keiner mehr etwas von Dir erwartet, fühlst Du Dich überflüssig. Du bist eingeladen, im Warten Dein Herz zu weiten und Dich als Erwarteten aufzurichten. Du bist wertvoll. Viele warten auf Dich.

Kindheitsspuren

Wo hast Du Dich als Kind eins gefühlt?
Was hast Du am liebsten gespielt?
Welches Märchen war Dein Lieblingsmärchen?
Welche Geschichten hast Du geliebt?
Welche Vorbilder hast Du gehabt?
Von wem hast Du als Kind geschwärmt?
Was wolltest Du selber von dem leben, was Dich an anderen fasziniert hat?
Was hat Dich angesprochen (Natur, Gottesdienst, Spielen, Musik, Malen)?
Versuche, in all diesen Fragen nach Deinem wahren Selbst zu suchen, nach dem ursprünglichen und unverfälschten Bild Gottes in Dir!

Öffne dein Herz

Richtig sprechen, das heißt, das Herz aufbrechen und es für die andern öffnen, dem andern Zutritt gewähren zum eigenen Herzen, so sprechen, dass Beziehung wächst und Vertrauen entsteht. Das deutsche Wort »sprechen« hängt zusammen mit »bersten, brechen«. Im Sprechen bricht der Panzer entzwei, der unser Herz umschließt. Es bricht aus uns hervor. Wir lassen den andern teilhaben an unseren Emotionen, an unserer Stimme, an unserem Gestimmtsein. Stimmig werden wir, wenn das Sprechen übereinstimmt mit dem Herzen und wenn wir unseren Gefühlen Stimme verleihen.

Loslassen – der Königsweg zum Glück

Vergiss dich selbst und werde frei

Was ist der beste Weg zum Glück?

Seit ich nicht mehr mich selbst suche, fahre ich das glücklichste Leben, das es geben kann.« (Iwan Sergejewitsch Turgenjew) Je mehr einer sein eigenes Glück sucht, desto weniger findet er es. Der russische Dichter Turgenjew hat die Erfahrung gemacht, dass er ein glückliches Leben führte, als er es aufgegeben hatte, sich selbst zu suchen. Nun könnte mancher meinen, also sei der beste Weg zum Glück, sich selbst nicht mehr zu suchen, von sich frei zu werden. Aber schon gerät er in die gefährlichste Falle, die uns auf dem Weg zum Glück begegnet. Wir zielen doch insgeheim auf das Glück. Und wir wählen die Methode, die Glück verheißt. Wir wollen uns selbst aufgeben. Aber wir merken gar nicht, wie in dieser Selbstaufgabe noch ganz viel Ehrgeiz steckt, wie das Ego letztlich auch dort wieder um sich selbst kreist, wo es dieses Ego endgültig aufgeben möchte. Wir meinen, wir könnten uns aufgeben. Der Weg dahin geht anders: Nur indem ich von mir weg auf das zugehe, was mich berührt, komme ich von mir los. Wenn ich stehen bleibe und mich loslassen will, bleibt es ein vergebliches Tanzen um mich selbst. Das Ego klebt an meinen Bewegungen und lässt sich nicht abschütteln. Gerade dort, wo ich mich vergesse, bin ich ganz da, bin ich glücklich. Ich kann mir aber nicht bewusst vornehmen, mich zu vergessen. Das Sich-Vergessen geschieht, indem ich mich auf etwas, auf jemanden einlasse. Wenn ich mich auf Gott einlasse, wenn ich in Gott aufgehe, dann spüre ich auf einmal mein Ego nicht mehr. Und dann bin ich glücklich, weil ich auch vergessen habe, glücklich sein zu wollen. Ich habe mich bedingungslos eingelassen. Das hat mich befreit von dem Ego, das mir das Glück verstellt. Mich vergessen können, das ist die Gnade aller Gnaden. Das ist der königliche Weg zum Glück.

Die drei Wünsche

Es gibt zahlreiche Märchen, in denen der Mensch seine Wünsche äußern darf. Meistens sind es drei Wünsche, die er frei hat. Und es ist gar nicht so leicht, dass der Mensch das wünscht, was ihm wirklich hilft. Meistens hat er anfangs so viele Wünsche, dass er gar nicht weiß, wo er anfangen soll. Aber dann verstrickt er sich in seinen Wünschen. In einem Märchen etwa wünscht sich ein Mann besseres Wetter, dass es nicht mehr regnen solle. Doch darauf merkt er, dass dann nichts mehr wächst. Dann soll es nur nachts regnen. Daraufhin beschwert sich der Nachtwächter. Schließlich lässt er es wieder beim alten. Seine drei Wünsche gingen ins Leere. Was wünschen wir wirklich? Was brauchen wir? Wonach trachten wir, was möchten wir gewinnen?

Leg dein Herz in ein Geschenk

Manche Familien vereinbaren heute, dass sie sich nichts mehr schenken, weil doch alle schon genug haben. Darin liegt sicher etwas Gesundes. Aber es gibt auch eine Geschenkaskese, die nur Ausdruck von Phantasielosigkeit ist. Sich einander zu beschenken ist Zeichen von Liebe und lebendiger Beziehung.

Im Schenken bringen wir zum Ausdruck, dass wir selbst die Beschenkten sind. Das deutsche Wort »schenken« bedeutet ursprünglich, einem etwas zu trinken geben. Wir sagen ja auch heute noch, dass wir dem andern Wein einschenken. Schenken meint also, dass wir dem andern, der Durst hat, etwas einschenken, damit er seinen Durst stillen kann. Wer keinen Durst hat, dem soll man auch nichts schenken. Heute haben viele keinen Durst mehr danach, Süßigkeiten oder Wein oder Kleider oder Haushaltsgeräte geschenkt zu bekommen. Denn davon hat jeder schon genug. Aber jeder von uns dürstet nach Liebe, nach Zuwendung, nach Wertschätzung. So sehnen sich heute wohl die meisten nach einem Geschenk, das Ausdruck der Liebe ist. Wenn ich mein Herz in ein Geschenk hineinlege, dann erreicht es den andern, dann stillt es seinen Durst.

Meines Glückes Schmied

Jeder ist seines Glückes Schmied«, so sagt es das Sprichwort. Es gibt aber auch die Kunst, unglücklich zu sein. Der Psychologe Paul Watzlawick hat diese Kunst in seinem berühmten Buch beschrieben. Manche Menschen beherrschen diese Kunst bis zur Perfektion: alles in einem negativen Licht zu sehen oder sich in einer Gruppe immer wieder in die Rolle des Unglücksraben oder des Sündenbockes hineinzubegeben. Glück ist nicht machbar. Trotzdem sind wir in gewisser Weise für unser Glück verantwortlich. Wir sind dafür verantwortlich, ob wir ja sagen zu unserem Leben oder nicht. Aus dem bedingungslosen Ja zu uns, so wie wir sind, und zu unserem Schicksal, strömt uns Glück entgegen. Glück kommt von Geschick. Ob unser Geschick gut ist oder nicht, hängt von unserer Deutung ab, hängt davon ab, ob wir es bejahen oder nicht.

Hans im Glück

Ob man lernen kann, glücklich zu sein? Die verschiedenen philosophischen Schulen im alten Griechenland waren überzeugt, dass man das Glück lernen kann, allerdings nicht, indem man bewusst das Glück anstrebt.

Für die Stoa bestand der Weg zum Glück im Üben der Tugend und im Ausschalten aller Affekte und Leidenschaften. Wer so frei ist von allen Leidenschaften, der kommt zum inneren Frieden und zum Glück.

Epikur riet seinen Schülern, die gelassene Daseinsfreude zu lernen, sich mit dem zufrieden zu geben, was einem geschenkt wurde.

Der Neuplatonismus sah den Weg zum Glück in der Übung der Kontemplation. Wer sich in der Kontemplation zu Gott erhebt und mit Gott eins wird, der erfährt wahres Glück.

Die Märchen erzählen uns von vielfältigen Wegen zum Glück. Meistens muss der Held viele Gefahren und Proben bestehen, um dann die Prinzessin heiraten und mit ihr glücklich sein zu können. In vielen Märchen steht das Glück am Ende eines schwierigen Entwicklungsweges.

Es gibt ein Märchen, das sich direkt um das Thema Glück dreht: »Hans im Glück«. Hans ist glücklich, als er einen Goldklumpen für seine Arbeit bekommt. Doch dann tauscht er das Gold ein in ein Pferd, dann in eine Kuh, in ein Schwein, in eine Gans, in einen Stein. Jedes Mal ist er glücklich, dass er das Neue empfängt. Doch immer wieder wird es ihm beschwerlich. Als schließlich der Stein ihm ins Wasser fällt, fühlt er sich als der glücklichste Mensch von der Welt. Als er alles losgelassen hat, als er sich frei fühlt, da ist er glücklich. Er trauert dem, was er gelassen hat, nicht nach, sondern genießt den Augenblick. Doch Hans im Glück lernt das Glück. Zu Beginn seines Lehrweges meint er, das Glück würde im Reichtum, in der Kraft, im Genuss, im Erfolg bestehen. Erst allmählich lernt er, dass er umso glücklicher wird, je mehr er loslässt. Wenn er nur noch sich selbst hat, wenn er frei seiner Wege gehen und die Schönheit der Welt genießen kann, dann ist er wahrhaft glücklich.

Überschreite nicht das Maß

Der Mensch sehnt sich danach, etwas zu haben, etwas in der Hand zu haben. Je mehr er in der Hand hat, so glaubt er, desto mehr hat er sich selbst, ist er sein eigener Herr. Letztlich treibt ihn die Hoffnung, sich selbst zu besitzen.

Besitz ist nicht schlecht. Der Mensch braucht Kleider, Nahrung, Häuser, um leben zu können. Die Gefahr ist jedoch, dass der Mensch in seinem Begehren nach Besitz maßlos wird. Das Tier begehrt nur soviel, wie es braucht. Der Mensch kann in seiner Begier das Maß überschreiten. In seiner Maßlosigkeit macht er sich abhängig von Besitz. Fasziniert vom Vermögen, das er sich erworben hat, muss er immer mehr besitzen. Statt zu genießen, was er hat, schaut er ständig nach Neuem aus. Und unversehens wird er von seiner Sucht nach Besitz selbst besessen.

Loslassen – und genießen

In einem Väterspruch erzählt uns ein Altvater in einem Bild, dass wir nur durch Loslassen genießen können. Ein Kind sieht in einem Glaskrug viele Nüsse. Es greift hinein und möchte möglichst viele herausholen. Aber die geballte Faust geht nicht mehr durch die enge Öffnung des Kruges. Du musst die Nüsse erst loslassen. Dann kannst Du sie einzeln herausnehmen und genießen. Lassen ist keine asketische Leistung, die wir uns mühsam abringen müssen. Vielmehr kommt sie aus der Sehnsucht nach innerer Freiheit und aus der Ahnung, dass unser Leben erst dann wirklich fruchtbar wird, wenn wir unabhängig und frei sind. Wenn wir nicht mehr abhängig sind von dem, was andere von uns denken und erwarten, wenn wir nicht mehr abhängig sind von der Anerkennung und Zuwendung von Menschen, dann kommen wir in Berührung mit unserem wahren Selbst.

Jesus verzichtet nicht auf Essen und Trinken. Ja, er wird sogar Fresser und Weinsäufer genannt. Das Ziel des Lebens ist das Genießen. Die Mystiker sprechen davon, dass das ewige Leben im dauernden Genuss Gottes besteht. »Frui deo – Gott genießen« ist unser Ziel. Wir werden aber wohl Gott kaum genießen können, wenn wir uns hier nicht eingeübt haben in den Genuss der Gaben, die Gott uns anbietet.

Glück und Glas

Glück und Glas – wie leicht bricht das«: Es ist sprichwörtlich, Glück kann man nicht festhalten. Man kann es nur mit zärtlichen Händen empfangen, es ertasten und berühren. Wenn ich das Glück wie ein Glas ständig in der Hand halte, bin ich handlungsunfähig. So werde ich das Glück aus der Hand geben, es neben mich hinstellen, damit ich das zu tun vermag, was gerade ansteht, worauf ich Lust habe. Und wenn ich wieder möchte, werde ich das Glück wie ein kostbares Glas in die Hand nehmen und bestaunen. Wer es immer festhalten will, dem zerbricht es mit Sicherheit.

Echte Lebensfreude

Wer das Leben wirklich genießen will, der muss auch verzichten können. Es bedarf der Askese als des Trainings in die innere Freiheit. Nur wer das Gefühl hat, dass er sein Leben selber in die Hand nimmt und es formt, empfindet Freude daran. Wenn einer völlig abhängig ist von seinen Bedürfnissen und jedes Bedürfnis sofort befriedigen muss, wird er sich nie seines Lebens freuen. Er hat eher ein dumpfes Gefühl, dass er von außen her gelebt wird, statt selber zu leben.

Geh deinen eigenen Weg

Der weite Weg ist der Weg, den alle gehen. Du musst Deinen ganz persönlichen Weg finden. Da genügt es nicht, sich nach den andern zu richten. Du musst genau hinhören, was Dein Weg ist. Und dann musst Du Dich mutig entscheiden, diesen Weg zu gehen, auch wenn Du Dich dort sehr einsam fühlst. Nur Dein ganz persönlicher Weg wird Dich wachsen lassen und zum wahren Leben führen.

Schau vorwärts

Jesus ist überzeugt, dass jeder Mensch einen Willen hat. Er muss ihn nur einsetzen. Er muss wollen, dass er wächst, dass er auf seinem Weg weiterkommt, dass er geduldig und hartnäckig an sich arbeitet. Auch die spirituelle Therapie Jesu wendet sich bewusst an den Willen des Einzelnen. Jesus lockt die Kraft hervor, die in jedem steckt. Er belässt die Kranken nicht in ihrer Passivität, sondern motiviert sie, selbst aufzustehen und das eigene Leben zu wagen. Und er schaut nicht rückwärts, sondern vorwärts. Wir sollen zwar unsere Vergangenheit nicht überspringen, aber wir müssen uns auch frei machen von dem Leistungsdruck, als ob wir alle Geheimnisse unserer Lebensgeschichte erkunden und bearbeiten müssten. Entscheidend ist, dass wir uns für das Leben entscheiden, anstatt immer nur um die vergangenen Verletzungen zu kreisen.

Kraft, der ich mich anvertraue

Ich bin für mein Leben verantwortlich. Es geht aber nicht nur darum, resigniert festzustellen, dass ich nie mehr ein Wort der Liebe von meiner Mutter hören werde. Vielmehr geht es darum, wo ich das finden kann, wonach ich mich im Tiefsten sehne. Ich kann mir selber Mutter sein. Aber darüber hinaus sehne ich mich nach einer mütterlichen Kraft, der ich mich anvertrauen kann. Für mich ist Gott der mütterliche Raum, in dem ich mich geborgen weiß. Gott soll hier keine Vertröstung sein. Vielmehr befreit mich der Blick auf Gott und seine bedingungslose Liebe von der Fixierung auf die menschliche Liebe, die ich zu wenig erfahren habe.

Der innere Weg

Es gibt keinen Weg zur Ruhe, der nur äußerlich bleibt. Jeder Weg, der wirklich zur Ruhe führen will, geht über die Erfahrung meiner eigenen Wahrheit und über die Erfahrung Gottes.

Es ist eine gute Übung, einen Tag lang nur den Satz zu meditieren: »Ich bin ich selbst.« Wenn ich mir diesen Satz vorsage, dann gerate ich nicht in Gefahr, in Selbstmitleid zu schwimmen und andere für meine Situation verantwortlich zu machen. Ein Weg, mein eigenes Selbst zu erkennen, auf den wir schon hingewiesen haben, ist es, in meiner Kindheit nach meinen Lebensträumen zu fragen. Welchen Beruf wollte ich immer ergreifen? Was habe ich am liebsten gespielt? Wie habe ich gespielt? Was habe ich im Spielen von meinem wahren Selbst ausgedrückt? Wo war ich ganz eins mit mir? Wo war ich ganz ich selbst?

Neuer Geschmack am Leben

Wer dankbar auf sein Leben blickt, der wird einverstanden sein mit dem, was ihm widerfahren ist. Er hört auf, gegen sich und sein Schicksal zu rebellieren. Er wird erkennen, dass täglich neu ein Engel in sein Leben tritt, um ihn vor Unheil zu schützen und ihm seine liebende und heilende Nähe zu vermitteln. Versuche es, mit dem Engel der Dankbarkeit durch den kommenden Monat zu gehen. Du wirst sehen, wie Du alles in einem andern Licht erkennst, wie Dein Leben einen neuen Geschmack bekommt.

Trau dem Kind in dir

Zu oft überlegen wir, was die andern dann denken würden, welchen Eindruck wir auf die andern machten, wenn wir uns so und so gäben. Ausgelassenheit ist die Freiheit von allem Nachsinnen über die Erwartungen der andern. Wir lassen die Erwartungen der andern beiseite und vertrauen dem Leben, das in uns ist. Wir lassen die Rolle aus, die wir sonst spielen. Wir lassen die Maske los, die uns oft genug unsere innere Lebendigkeit verstellt.

Ausgelassenheit meint sprühende Lebendigkeit. Auch die können wir nicht einfach machen. Manchmal strömt alles in uns. Da sprudeln die Worte nur so aus uns heraus. Da können wir eine ganze Gesellschaft anstecken. Da haben wir ganz verrückte Einfälle. Von solcher Ausgelassenheit springt der Funke meistens auf die andern über. Und es geht Freiheit davon aus. Die andern fühlen sich auf einmal auch frei, dem Kind in sich zu trauen, das spielen möchte, ohne nach dem Zweck und Nutzen zu fragen. Das Kind ist in Berührung mit sich selbst. Es lebt aus sich heraus und nicht aus den Erwartungen seiner Umwelt. Danach sehnen wir uns als Erwachsene wieder, einfach nur zu leben, ohne das Leben so kompliziert zu machen durch unsere vielen Überlegungen, die dauernd abwägen, was wir dürfen und sollen und was andere von uns wollen.

Sonnenkinder

Wenn ein froher Mensch zu uns kommt, sagen wir: »Jetzt geht die Sonne auf.« Es gibt Sonnenkinder, die überall Fröhlichkeit und Lebendigkeit verbreiten. Ich wünsche Dir, dass Du für andere zur Sonne wirst. Vielleicht hast Du schon einmal erfahren, dass man zu Dir sagte: »Du strahlst heute wie die Sonne. Wenn Du den Raum betrittst, dann wird er heller und wärmer.« Dann ist die Sonne unter uns mit ihrer Heiterkeit und Strahlkraft. Dann geht es uns besser.

*Unglück oder Glück –
Es liegt an uns*

*Wie aus Krisen
Chancen werden*

Licht und Dunkel

Was immer geschieht, an uns liegt es, Glück oder Unglück darin zu sehen.« Dieser lebenskluge Satz stammt von Anthony de Mello. Er hat Recht: Glück ist ein innerer Zustand. Er hängt davon ab, wie wir die Welt um uns erleben. Unser Erleben hängt wiederum von der Deutung ab, die wir dem Geschehen geben. Natürlich gibt es Erfahrungen, die den Zustand inneren Friedens zerstören, etwa wenn ein lieber Mensch uns wegstirbt. Den Tod eines lieben Menschen kann ich nicht umdeuten und darin Glück sehen. Aber wie ich mit dem Tod umgehe, das liegt doch letztlich an mir. Ich kann darin eine Herausforderung sehen, zu wachsen, meine ureigensten Quellen zu entdecken. Und dann kann ich durch die Trauer und den Schmerz des Abschieds hindurch etwas Neues in mir entdecken und zu einem Zustand gelangen, den ich mit Glück umschreiben darf. Wenn ich dann durch einen langen Prozess der Trauerarbeit zu einer anderen Bewertung dieses Todes gekommen bin, kann ich bestätigen, was La Rochefoucauld sagt: »Unser Glück liegt nicht in den Dingen, sondern in deren Bewertung durch uns.« Ich darf diesen Satz aber nicht als Trick benutzen, alles so zu bewerten, dass es mir positiv erscheint. Die »Macht des positiven Denkens« kann auch zur Tyrannei werden, zum Zwang, alles positiv sehen zu müssen. Licht und Dunkel, Freude und Schmerz gehört zu meinem Leben. Erst wenn ich diese Gegensätzlichkeit annehme und mich damit aussöhne, komme ich zu einer Bewertung meines Lebens, die mich noch nicht glücklich macht, die aber die Voraussetzung dafür schafft, glücklich zu werden.

Angstfrei

Auch die Angst hat einen Sinn und will mir etwas sagen. Ohne Angst hätte ich auch kein Maß, da würde ich mich ständig überfordern. Aber oft blockiert mich die Angst. Wenn ich dann mit der Angst rede, kann sie mich auf eine falsche Lebenseinstellung hinweisen. Oft rührt die Angst von einem Perfektionsideal her. Ich habe Angst mich zu blamieren, einen Fehler zu machen. Ich traue mich nicht, in der Gruppe zu reden, aus Angst, ich könnte stottern, oder die anderen könnten es nicht gut finden. Ich habe Angst vorzulesen, weil ich stecken bleiben könnte. Hier weist die Angst immer auf übertriebene Erwartungen hin.

Letztlich ist es der Stolz, der Angst bewirkt. So könnte mich das Gespräch mit meiner Angst zur Demut, zur humilitas führen. Ich könnte mich aussöhnen mit meinen Grenzen, mit meinen Schwächen und Fehlern: »Ich darf mich blamieren. Ich muss nicht alles können.«

Es gibt aber auch Ängste, die nicht auf eine falsche Lebenshaltung hinweisen, sondern die notwendigerweise mit dem Menschen verbunden sind. Da ist die Angst vor Einsamkeit, die Verlustangst, die Angst vor dem Sterben. In jedem Menschen ist ein Stück weit die Angst vor dem Tod. Bei manchen kommt sie jedoch oft bedrohlich hoch. Es wäre dann wichtig, mit der Angst zu sprechen: »Ja, ich werde auf jeden Fall sterben.« Die Angst kann mir helfen, mich mit dem Tod auszusöhnen, einverstanden zu sein, dass ich sterblich bin. Wenn ich der Angst auf den Grund gehe, sie zulasse, so kann ich mitten in der Angst einen tiefen Frieden spüren. Die Angst wandelt sich in Gelassenheit, Freiheit und Frieden.

In der Tiefe der Seele

Die Dichterin Marie von Ebner-Eschenbach hat gesagt: »Im Unglück finden wir meistens die Ruhe wieder, die uns durch die Furcht vor dem Unglück geraubt wurde.« Viele sind in der Tat nicht fähig, das Glück zu genießen, weil sie Angst haben, es könnte nicht lange dauern. Berühmt ist die Sage von Polykrates. Er konnte nicht glücklich sein über seinen wunderschönen Ring, weil er ständig in Angst lebte, er könnte ihn verlieren. Wer mitten im Glück von der Angst vor dem Unglück heimgesucht wird, der ist unfähig, wirklich glücklich zu sein. Erst wenn das, wovor wir am meisten Angst hatten, eingetreten ist, zerstieben unsere Illusionen und wir kommen am Nullpunkt unseres Lebens an, vor dem wir mit viel Anstrengung davonzulaufen suchten. Doch gerade an diesem Nullpunkt, in der Tiefe unserer Seele, dort kommen wir zur Ruhe. Und von dort aus werden wir fähig, in der Ruhe den Frieden zu finden und im Frieden eine Ahnung von Glück.

Wer hätte keinen Grund zu weinen

Von Friedrich Nietzsche stammt der Satz: »Welches Kind hätte nicht Grund, über seine Eltern zu weinen.« Wir alle – auch diejenigen, die inzwischen selbst Kinder haben – sind Töchter oder Söhne. Wir alle tragen unsere Familiengeschichte mit uns herum und sind Teil der Geschichte von anderen Menschen. Die Geschichte, die uns mit den eigenen Eltern von Anfang an verbindet, ist immer auch eine Geschichte, die zwei Seiten hat, positive und schmerzliche. Ob wir unsere eigene Lebensspur finden oder ob wir uns von unserer Lebensgeschichte bestimmen lassen, hängt davon ab, wie unsere Elternwunden heilen. Nur wer sich aussöhnt mit seinem Gewordensein, ist fähig zu entdecken, welche Möglichkeiten in ihm stecken. Er wird seine Eltern nicht mehr dafür verantwortlich machen, wenn sein Leben nicht so läuft, wie er sich das vorgestellt hat. In allen Verletzungen, die wir erfahren, können wir eine Chance sehen, das innerste Wesen der eigenen Person zu finden. Das tiefste Geheimnis unseres wahren Selbst kann uns aufgehen, wenn wir bewusst wahrnehmen, wie unsere Beziehung zu den Eltern war, was daran heilsam und was daran schmerzhaft und krankmachend war. Wer den Mut hat, die eigenen Verletzungen anzuschauen, der findet durch sie hindurch auch zu den positiven Wurzeln, die er von seinen Eltern mitbekommen hat. Denn die Eltern haben nicht nur verletzt, sie haben auch viel gegeben. Wir haben teil an ihrer Geschichte, an ihrer Begabung, an ihren Fähigkeiten. Wer den Eltern sein Leben lang wegen seiner Vater- und Mutterwunden einen Vorwurf macht, der schneidet sich von den positiven Wurzeln seiner Eltern ab. Dessen Leben hängt dann in der Luft.

Nichts verdrängen

Verdrängen hilft nicht: Wer seine Wunden nicht beachtet, der wird von ihnen bestimmt. Sie verfälschen seine Lebensspur. Er meint vielleicht, dass er sein eigenes Leben lebt. In Wirklichkeit wiederholt er nur die Verletzungen seiner Kindheit. Er wird von seinen Wunden bestimmt. Aber es geht nicht nur darum, die Wunden anzuschauen, sondern auch unsere positiven Ressourcen, die Quellen, aus denen unsere Seele seit der Kindheit trinken durfte, und die Träume, in denen sich die Gestalt unseres wahren Selbst zum Ausdruck brachte. Wenn wir in Berührung kommen mit unserem Wesen, so wie Gott es uns zugedacht hat, dann werden wir aufblühen, dann wird in uns neue Energie fließen und wir werden spüren, dass sich das Leben lohnt, dass wir Lust haben an diesem einmaligen Leben. Ein Kriterium, ob einer seine Lebensspur findet, ist immer, dass das Leben in ihm fließt und aus ihm herausströmt. Wenn z.B. meine Lebensspur in der Sorge für andere besteht, dann habe ich Lust daran, dann tut es mir auch gut. Wenn ich aber anderen nur helfe, um meine Mutterwunde nicht spüren zu müssen, vielleicht sogar um meinen eigenen Schmerz über nicht erhaltene Zuwendung zu betäuben, dann werde ich sehr schnell überfordert, ausgebrannt und erschöpft.

Die Perle entdecken

Wir müssen irgendwann einmal selber die Verantwortung für unser Leben übernehmen. Das heißt auch, dass wir uns aussöhnen müssen mit den Verletzungen, die wir als Kinder erfuhren. Dann können sie zu einer Quelle des Lebens werden. Dann werden unsere Wunden zu Perlen, wie Hildegard von Bingen sagt. Wenn wir unsere Verletzungen anschauen, können wir uns besser verstehen. Wir werden uns selber nicht verurteilen, dass wir so empfindlich reagieren. Es ist verständlich, dass wir mit diesen Wunden so empfindlich sind, so leicht kränkbar, so ängstlich gegenüber der Autorität. Erst das Verstehen befreit uns von der Selbstverurteilung.

Aber es darf nicht nur beim Verstehen bleiben. Es kommt darauf an, in meinen Wunden meine Begabung zu entdecken, eben die Perle, die mein Leben wertvoll macht. In der Wunde liegt immer auch meine Chance. Wenn ich z.B. zu wenig Zärtlichkeit empfangen habe, bin ich sensibel für alle Menschen, die an einem Defizit an Liebe leiden. Und weil ich nicht satt geworden bin in meinem Bedürfnis nach Liebe und Nähe, habe ich mich auf den spirituellen Weg gemacht. Ich gebe mich nicht damit zufrieden, mich gut einzurichten. Ich bleibe lebendig in meiner Sehnsucht nach Gott. Meine Lebensspur entdecke ich gerade in meinen Wunden. Meine Wunden werden so zu meiner Chance, mein eigenes Charisma zu erkennen und es zu leben. Auf diese Weise wird meine Wunde zur Quelle des Segens für mich und für andere.

Von der Begrenztheit lernen

Die Mutter schenkt dem Kind Geborgenheit und Urvertrauen. Sie ist die erste Bezugsperson für das kleine Kind und vermittelt schon dem Neugeborenen, dass es darauf vertrauen darf, dass die Welt gut ist und dass es sich auf das Gutsein der Welt und die Güte der Menschen verlassen darf. Die Mutter lässt ihr Kind erfahren, dass es so sein darf, wie es ist, dass es Bedürfnisse haben darf und dass diese Bedürfnisse gestillt werden. Sie zeigt ihm Nähe und Liebe, gibt ihm das Gefühl, dass es willkommen, bedingungslos angenommen und geliebt ist. Eine solche Grunderfahrung braucht das Kind als festes Fundament, auf dem es sich entfalten kann. Aber wohl keine Mutter kann diese Aufgabe immer und überall vollkommen erfüllen. Es wäre für das Kind auch gar nicht gut, wenn es die perfekte Mutter gäbe. Es kann nämlich nicht nur von der grenzenlosen Liebe der Mutter lernen, sondern auch von ihrer Begrenztheit.

Alleinsein – ein Segen

Viele Menschen haben heute Angst vor dem Alleinsein. Sie fühlen sich nicht, wenn sie allein sind. Sie brauchen ständig andere Menschen um sich, um sich überhaupt am Leben zu fühlen. Aber das Alleinsein kann auch ein Segen sein.

In der Einsamkeit spüre ich, was mein Menschsein eigentlich ausmacht, dass ich an allem teilhabe, am All der Schöpfung, letztlich an dem, der alles in allem ist. Wenn Dich der Engel des Alleinseins in diese grundlegende Erfahrung Deines Menschseins hineinführt, dann schwindet in Dir alle Angst vor Einsamkeit und Alleingelassenwerden. Denn Du spürst, dass Du dort, wo Du allein bist, mit allem eins bist. Dann erfährst Du Dein Alleinsein nicht als Vereinsamung, sondern als Heimat, als Daheimsein. Daheim sein kann man nur, wo das Geheimnis wohnt.

In uns selber ist der Ort

Es ist unmöglich, Erleuchtete zu Sklaven zu machen, denn sie sind genauso glücklich in der Sklaverei wie in der Freiheit.« (Anthony de Mello)

Wer das innere Licht gesehen hat, wer eins geworden ist mit Gott, der ist wahrhaft glücklich. Den kann keine äußere Gefangenschaft von seinem Glück trennen. Daher ist der wahre Weg zum Glück der innere Weg, oder wie Plato sagt, der Weg der Kontemplation.

In uns ist ein Ort, an dem Gott wohnt. Und dort, wo Gott in uns wohnt, sind wir frei und heil. Dort sind wir glücklich. Dort sind wir im Licht. Dort kann die Finsternis der Sklaverei uns nicht ins Unglück stürzen. Denn dieser innere Raum ist der Welt und ihrer Macht nicht zugänglich. Dort ist der Herrschaftsbereich Gottes. Und über Gott hat niemand Macht. Gott ist letztlich unser wahres Glück, ein Glück, das uns niemand rauben kann, allerdings auch ein Glück, das wir nicht besitzen können. Denn Gott lässt sich nicht besitzen. Der Gott, der in uns wohnt, ist zugleich der Gott, der sich uns entzieht. Es ist der inwendige, aber zugleich unverfügbare Gott.

Im eigenen Herzen

*E*s gibt eigentlich nur zwei Heimsuchungen im Leben: Das nicht zu bekommen, was man sich unbedingt wünscht. Und, das zu bekommen, was man sich wünscht.« (Anthony de Mello)

Manche meinen, wenn ihr Wunsch erfüllt würde, dann würden sie glücklich sein. Doch sobald ein Wunsch erfüllt wird, melden sich andere Wünsche. Und die Erfüllung hinterlässt oft einen schalen Beigeschmack. Wir haben uns sehnlichst gewünscht, unser Abitur gut zu schaffen. Wenn wir es dann mit einer guten Note bestanden haben, sind wir für einen Augenblick glücklich. Aber zwei Wochen später spüren wir, dass wir davon nicht leben können. Die Spannung, mit der wir auf das Abitur hin gelebt haben, lässt nach. Und statt glücklich werden wir eher depressiv.

Andere glauben, sie seien nur deshalb unglücklich, weil ihnen das Leben ihre Wünsche nicht erfüllt. Sie sind so fixiert darauf, dass ihre Wünsche erfüllt werden, sie machen ihr Glück von der Erfüllung der Wünsche abhängig, dass sie blind werden für das wahre Glück. Sie sehen das Glück in einem konkreten Geschenk. Doch das Geschenk allein ist nicht das Glück. Entscheidend ist, wie ich es empfange. Doch für manche ist es einfacher, auf Gott oder auf das Leben zu schimpfen, die am eigenen Unglück schuld seien, als sich auf die mühsame Suche nach dem Glück dort zu machen, wo es allein zu finden ist: im eigenen Herzen.

Wer sich nicht wandelt, erstickt

Jeder Aufbruch macht zuerst einmal Angst. Denn Altes, Vertrautes muss abgebrochen werden. Und während ich abbreche, weiß ich noch nicht, was auf mich zukommt. Das Unbekannte erzeugt in mir ein Gefühl von Angst. Zugleich steckt im Aufbruch eine Verheißung, die Verheißung von etwas Neuem, nie Dagewesenem, nie Gesehenem. Wer nicht immer wieder aufbricht, dessen Leben erstarrt. Was sich nicht wandelt, wird alt und stickig. Neue Lebensmöglichkeiten wollen in uns aufbrechen.

*Das Glück
breitet sich aus*

*Liebe geben,
Liebe nehmen*

Glück breitet sich aus

»Lernen wir uns zu freuen, so verlernen wir am besten, anderen weh zu tun.« (Friedrich Nietzsche)

Viele Menschen geben sich Mühe, ihren Nächsten zu lieben. Der erste Schritt zur Nächstenliebe – so meinen sie – bestünde darin, den anderen nicht weh zu tun. Doch je mehr sie verhindern möchten, andere zu verletzen, desto mehr verletzen sie sich selbst. Und unbewusst wird dann die Selbstverletzung dazu führen, dass sie auch den andern nicht gut tun, dass die innere Aggressivität durch ihre freundliche Fassade hindurch dringt und verletzende Pfeile auf die Mitmenschen abschießt. Der beste Weg, den anderen nicht zu verletzen, ist, sich zu freuen, über das glücklich zu sein, was sich uns anbietet. Wenn wir mit uns im Einklang sind, dann müssen wir uns nicht mehr dazu zwingen, andere nicht zu verletzen. Dann werden wir das Wohlwollen, das wir uns selbst gegenüber spüren, auch anderen erweisen. Dann wird die Freude, die wir in uns spüren, auch die anderen aufrichten. Der Glückliche braucht andere nicht mehr zu verletzen. Wer verletzt ist, muss andere verletzen, um seine eigene Verletzung nicht mehr zu spüren. Wer glücklich ist, wird sein Glück dadurch ausdrücken, dass er auch anderen etwas von seiner Freude mitteilt. Die Freude strömt weiter. Das Glück breitet sich aus. Das ist der beste Schutz gegen alles verletzende und weh tuende Verhalten, gegen das wir oft mit soviel Willenskraft vergebens kämpfen.

Danken verbindet

Wenn wir für einen andern Menschen danken, dann nehmen wir ihn bedingungslos an. Er muss sich nicht ändern. Er ist so, wie er ist, wertvoll. Oft merken es die Menschen, wenn wir für sie danken. Denn von unserem Danken geht eine positive Bejahung aus, in der sie sich vorurteilslos angenommen fühlen.

Von Herz zu Herz

Trösten geschieht vor allem im Reden, im Zusprechen von Worten, die wieder einen Sinn stiften in der Sinnlosigkeit, die jeder Verlust erst einmal verursacht. Aber die Worte dürfen kein bloßes Vertrösten sein. Denn das Vertrösten geht am Menschen vorbei. Im Vertrösten rede ich nicht gut zu, sondern am andern vorbei. Ich sage irgend etwas, von dem ich selbst nicht überzeugt bin. Ich nehme Worte in den Mund, die keinen Halt geben und keinen Sinn stiften. Trösten aber heißt, zum andern hin sprechen, Worte sagen, die ihn erreichen, die ihm ganz persönlich gelten, die zu seinem Herzen vordringen. Trösten heißt, Worte finden von Herz zu Herz, Worte, die aus meinem Herzen kommen und nicht auf irgendwelche leeren Floskeln zurückgreifen, Worte, die das Herz des andern berühren, die ihm einen neuen Horizont eröffnen und ihm einen festen Stand ermöglichen.

Liebe nehmen – Liebe geben

Wenn wir aufhören uns zu verausgaben, wenn wir uns die Liebe nehmen, die uns angeboten wird, dann wird auch unser Weg in die immer größere Schwachheit und Leere gestoppt. Wir brauchen nur die Augen zu öffnen. Es wird uns von vielen Menschen Liebe und Zuwendung angeboten. Wir müssen sie nur ergreifen. Wir sollen von unseren Eltern die Liebe nehmen, die sie uns schenken. Jeder durfte sich etwas vom Zipfel des Gewandes bei seinem Vater oder bei seiner Mutter nehmen. Es gibt keine Eltern, die ihren Kindern gar nichts geben. Auch wenn das Geben unserer Eltern beschränkt war, haben wir alle schon genommen. Und nur weil wir genommen haben, können wir geben.

Die Fülle des Lebens

Einen anderen segnen bedeutet, gut über ihn sprechen, ihm Gutes sagen, ihm das Gute zusagen, das ihm von Gott her zukommt. Indem ich das Gute in ihm anspreche, kommt er mit dem Guten in Berührung, das schon in ihm ist.

Segnen heißt aber nicht nur, Gutes über den andern sagen, sondern zu ihm selbst gut reden, ihm gute Worte sagen, die ihn aufrichten. Für die Juden bedeutet Segen die Fülle des Lebens. Der von Gott gesegnete Mensch hat alles, wessen er bedarf.

Wenn ich einen Menschen segne, wünsche ich ihm alles erdenklich Gute, wünsche ich ihm, dass Gott ihm die Fülle des Lebens schenken möge und dass er selbst zu einer Quelle des Segens werden darf für andere.

Wenn wir andere Menschen segnen, dann geht von uns Segen aus in unsere Umgebung. Wir werden ihnen anders begegnen, wir werden mit neuen Augen auf sie schauen. Wir geben im Segnen den Segen weiter, mit dem wir von Gott beschenkt werden. Ein gutes Wort ist über uns gesprochen. Wir sind gesegnet.

Mit den Augen der Liebe

Lieben heißt nicht zuerst, liebevolle Gefühle zu haben. Lieben kommt von liob, gut. Es braucht zuerst den Glauben, das gute Sehen, um dann lieben, gut behandeln zu können. Liebe braucht erst eine neue Sichtweise. Bitte Deinen Engel der Liebe, dass er Dir neue Augen schenken möge, dass Du die Menschen um Dich und dass Du Dich selbst in einem neuen Licht sehen kannst, dass Du den guten Kern in Dir und den andern entdecken kannst.

Güte strahlt aus

Gütig ist der Mensch, der es gut mit uns meint. Von einem gütigen Menschen strahlt Wärme aus. An seinem gütigen Blick und gütigen Worten spürt man, dass sein Herz gütig ist, dass das Gute in ihm die Oberhand gewonnen hat. Die Güte strahlt aus einer Seele, die in sich gut ist, die erfüllt ist von einem guten Geist, die mit sich im Einklang ist. Wer seine Seele als gut erfährt, der glaubt auch an das Gute im andern Menschen. Weil er das Gute im andern sieht, wird er ihn auch gut behandeln. Er lockt durch sein gütiges Verhalten den guten Kern im andern hervor.

*Hetze nicht –
lebe*

*Ruhig und
gelassen werden*

Unser ruheloses Herz

Für Augustinus ist der Mensch wesentlich einer, der sich sehnt. Er sehnt sich nach Erfolg, nach Besitz, nach einem Freund, nach einem Menschen, der ihn liebt. Aber in all diesen Sehnsüchten sehnt er sich letztlich nach Gott, nach wahrer Heimat, nach absoluter Liebe, nach absoluter Geborgenheit. Augustinus ist selbst ein Mensch mit einer tiefen Sehnsucht nach Ruhe und Heimat. In den »Confessiones« fragt er: »Wer gibt mir, dass ich Ruhe finde in dir? Wer gibt mir, dass du kommest in mein Herz und es trunken machest, dass ich vergesse meine Sünden und dich umfange, du mein einzig Gut?« Und er gibt selbst die Antwort: »Ruhelos ist unser Herz, bis es Ruhe findet in dir.«

Innehalten

Es braucht das Innehalten, um stille zu werden. Ich muss aufhören, herumzulaufen und zu hetzen. Ich muss stehen bleiben, bei mir bleiben. Wenn ich stillhalte, dann werde ich zuerst mir selbst begegnen. Da kann ich meine Unruhe nicht mehr nach außen verlagern. Ich werde sie in mir wahrnehmen. Nur wer seiner Unruhe standhält, kommt zur Stille. »Still« hat auch mit »stillen« zu tun. Die Mutter stillt das Kind, bringt das vor Hunger schreiende Kind zur Ruhe. So muss ich meine eigene Seele, die innerlich laut schreit, beruhigen. Wenn ich nicht mehr außen herumlaufe, dann meldet sich der Hunger meines Herzens. Es braucht dann Nahrung. Ich muss mich mütterlich meinem Herzen zuwenden, damit es Ruhe gibt. Doch viele haben Angst, sich auf das lärmende Herz einzulassen. Sie lenken es lieber ab, indem sie von Ort zu Ort hasten. Aber ihr Herz schreit weiter. Es lässt sich nicht ablenken. Es braucht Zuwendung. Es will gestillt werden.

Leib und Seele

Die Ruhe beginnt bei der Seele. Zuerst muss das Innere in uns zur Ruhe kommen. Dann wird sich die Ruhe auch im Leib auswirken. Wenn das Herz ruhig geworden ist, dann werden wir auch unser Tun in aller Ruhe vollziehen, dann werden unsere Bewegungen aus der inneren Ruhe herausfließen, dann haben wir teil an der schöpferischen Ruhe Gottes.

Kafkas Weg zum Glück

Theoretisch gibt es eine vollkommene Glücksmöglichkeit: An das Unzerstörbare in sich glauben und nicht zu ihm streben.« (Franz Kafka)

Es ist ein eigenartiger Weg, den der jüdische Dichter Franz Kafka in dem angeführten Text als Weg zum Glück beschreibt. Auf der einen Seite sollen wir daran glauben, dass in uns das Unzerstörbare ist, dass in uns Gott wohnt. Aber wir sollen nicht zu ihm streben. Wir sollen darauf verzichten, diesen Gott in uns zu erreichen, etwa durch Meditation oder Kontemplation. Wir sollten an den Gott in uns glauben, ohne uns dem Druck auszusetzen, diesen Gott auch zu erfahren und zu spüren. Der Glaube, die Vorstellung von diesem Unzerstörbaren in uns, genügt schon. Die Vorstellung, dass Gott in mir wohnt und dass dort, wo Gott in mir wohnt, die Welt keine Macht über mich hat und niemand mich verletzen kann, genügt, um mich innerlich frei zu fühlen, um das Glück in mir zu finden. Es ist ein paradoxer Satz Kafkas: Ich werde glücklich sein, wenn ich darauf verzichte, das Glück zu spüren. Ich werde an das Unzerstörbare in mir glauben, wenn ich es aufgebe, das Unzerstörbare durch irgendwelche meditative oder asketische Techniken zu erreichen. Das Unzerstörbare ist in mir, auch wenn ich es nicht spüre. Gott ist in mir, auch wenn ich ihn nicht erfahre. Dieser Glaube an den unzerstörbaren Gott in mir schenkt das wahre Glück, das Glück jenseits aller Erfahrung, jenseits allen Glücksgefühls.

Dampf ablassen

Wenn wir zu aufgewühlt sind, dann ist es besser, erst einmal die Unruhe durch einen längeren Spaziergang oder einen Waldlauf zu vertreiben. Im Gehen kann ich mich freigehen von der inneren Unruhe, von Problemen, die mich umtreiben. Der dänische Religionsphilosoph Sören Kierkegaard hat die Erfahrung gemacht, dass es keinen Kummer gibt, den er sich nicht weggehen kann. Auch im ruhigen Laufen kann ich mich freilaufen von dem, was mich beschäftigt. Allerdings wird das nicht gelingen, wenn mein Joggen von einem inneren Leistungsdruck geprägt ist, wenn ich immer nur die Kilometer zähle, die ich mir als Pensum vorgenommen habe. Ich muss mich ganz der Bewegung überlassen. In der Bewegung übernehme ich das innere Bewegtsein und bringe es zur Ruhe. Wenn ich mich nach einem Spaziergang im Zimmer zur Meditation hinsetze, dann bin ich viel ruhiger als vorher. All die innere Unruhe ist verflogen. Gerade in unserer hektischen Welt brauchen wir leibhafte Weisen, um die Unruhe zu vertreiben. Das kann neben dem Spazieren gehen oder Laufen auch eine Gartenarbeit sein. Wenn ich mit dem Leib meinen inneren Dampf ablasse, kann ich nachher viel ruhiger sein.

Das Eigentliche berühren

Meditation ist der Weg, auf dem wir zum inneren Ort der Ruhe kommen. Meditation heißt nicht, dass wir immer ganz still sein müssen. Wir dürfen uns da nicht unter Leistungsdruck setzen. Meditation hat nichts mit Konzentration zu tun. Die Gedanken werden weiter auftauchen. Wir können sie nicht abstellen. Aber wenn wir sie nicht beachten, wenn wir durch Wort und Atem immer tiefer in den eigenen Seelengrund gelangen, dann kann es sein, dass es für einen Augenblick ganz still ist in uns. Ich spüre dann: jetzt berühre ich das Eigentliche.

Wo wohnt das Glück?

Nicht im Besitz von Herden noch im Golde befindet sich das Lebensglück; Wohnsitz des Glücks ist die Seele.« (Demokrit)

Viele streben nach Glück, indem sie möglichst großen Reichtum erwerben. Doch Reichtum macht nicht glücklich. Wer das Glück nicht in seiner Seele spürt, der läuft ihm in der Welt des Besitzes oder Erfolges vergeblich hinterher. Er wird nie genug besitzen, er wird nie genügend beachtet werden, er wird nie soviel Erfolg haben, dass er glücklich ist. Glück wohnt in der Seele, im inneren Bereich des Menschen. Dort, wo der Mensch mit sich im Einklang ist, wo er seine Einmaligkeit spürt, dort wo er um seine göttliche Würde weiß, dort ist ein Glück, das ihm kein Misserfolg, kein Verlust und keine Ablehnung zu rauben vermag.

Frieden breitet sich aus

Von der Erfahrung des inneren Friedens gehen auch friedvolle Gedanken zu meinen Mitmenschen. Da haben feindliche und ärgerliche Gedanken keinen Raum. Friede ist für mich nicht zuerst ein Appell, dass ich mit allen friedlich leben sollte. Vielmehr entspringt der Friede zu den Menschen der Erfahrung meines inneren Friedens. Ich muss dann gar keinen Frieden schaffen. Es ist in mir Friede. Und der breitet sich von allein aus.

Finde Zeit – nur für dich

Wenn Du den Mut findest, allein zu sein, kannst Du auch entdecken, wie schön es sein kann, einmal ganz für sich zu sein, nichts vorweisen, nichts beweisen, sich nicht rechtfertigen zu müssen. Da kannst Du vielleicht die Erfahrung machen, dass Du ganz und gar mit Dir eins bist.

Gelassen – und bei sich selber bleiben

Wahre Ruhe des Herzens erlangen wir nach Cassian nur, wenn wir die inneren Feinde, unsere »eigenen Hausgenossen« (Mt 10,36), zum Schweigen gebracht haben. »Wo nämlich unsere eigenen Hausgenossen nicht mehr gegen uns kämpfen, dort ist Gottes Reich in der Ruhe des Herzens verwirklicht.« Das Reich Gottes ist in uns, wenn wir nicht mehr von unseren Leidenschaften und Emotionen, von unseren Bedürfnissen und Wünschen hin und her gerissen werden.

Mildes Licht

Für mich ist das milde Herbstlicht immer ein Bild für einen Menschen, der auf sich selbst, auf seine Fehler und Schwächen, aber auch auf die Menschen und ihre Menschlichkeiten mit einem milden Blick sieht. Mit seinem milden Blick taucht ein solcher Mensch seine eigene Wirklichkeit und die der Menschen um sich herum in ein mildes Licht.

Im milden Herbstlicht wird alles schön. Da leuchten die bunten Blätter am Baum in ihrer ganzen Schönheit. Da ist aber auch der dürre Baum schön. Da bekommt alles seinen eigenen Glanz.

Ich kenne alte Menschen, von denen so eine Milde ausgeht. In ihrer Nähe bin ich gerne. Mit ihnen unterhalte ich mich gerne. Da geht eine Erlaubnis aus, dass ich so sein darf, wie ich bin, und eine Zustimmung: »Es ist doch alles gut.« Das Leben hat diese alten Menschen oft hin- und hergeschüttelt. Sie sind durch Höhen und Tiefen gegangen. Aber jetzt im Herbst ihres Lebens schauen sie mit einem milden Blick auf alles. Es ist ihnen nichts Menschliches fremd geblieben. Aber sie verurteilen nichts. Sie lassen es im milden Herbstlicht leuchten, so wie es halt geworden ist.

Wenn die Zeit still steht

Zeit und Ewigkeit fallen im Augenblick zusammen. Wenn wir ganz im Augenblick sind, dann steht die Zeit still. Jeder hat vermutlich schon die Erfahrung gemacht, dass er fasziniert einen Sonnenuntergang betrachtet hat. Und er hat dabei gar nicht gemerkt, wie die Zeit vergangen ist. Wenn wir uns ganz intensiv auf etwas einlassen, vergessen wir die Zeit, da hört die Zeit auf, da sind wir nur noch reiner Augenblick, reine Gegenwart. Das ist dann die Ahnung der ewigen Sabbatruhe, an der wir jetzt schon teilhaben.

Absolut ruhig

Erfahrungen absoluter Ruhe, in denen Zeit und Ewigkeit zusammenfallen, können wir machen, wenn wir in der Betrachtung einer Blume, einer Landschaft, eines Gemäldes aufgehen. Wenn wir ganz im Schauen sind, dann gibt es keinen Unterschied mehr zwischen Schauer und Beschautem, dann fallen beide in eins zusammen. Und dann hört auch die Zeit auf. Oder wir können solche Ruhe erahnen, wenn wir einen langsamen Satz von Bach oder Mozart hören, wenn wir ganz Ohr sind, uns von nichts ablenken lassen, ganz im Hören aufgehen. Dann berühren wir mitten in der Zeit die Ewigkeit, dann hört im Hören die Zeit auf. Manchmal geht es uns auch im Lesen so. Wir lesen ein Buch. Auf einmal berührt uns etwas. Wir können nicht weiter lesen. Wir bleiben stehen, ohne darüber nachzudenken. Wir sind einfach da.

Keine Sorge

Ängstliches Sorgen verdunkelt den Geist. Ich werde zwar für meine Zukunft sorgen. Aber ich werde nicht vernünftig handeln. Die Angst wird mich zu unsinnigen Ausgaben und Absicherungen treiben. Die Kunst besteht darin, für die Zukunft zu sorgen und zugleich die Sorge wieder loszulassen. Ich soll das tun, was in meiner Hand ist, und mich dann vertrauensvoll Gott überlassen.

Im Schatten eines Baumes

Es war einmal ein Mann, den verstimmte der Anblick seines eigenen Schattens so sehr, der war so unglücklich über seine eigenen Schritte, dass er beschloss, sie hinter sich zu lassen. Er sagte zu sich: Ich laufe ihnen einfach davon. So stand er auf und lief davon. Aber jedes Mal, wenn er seinen Fuß aufsetzte, hatte er wieder einen Schritt getan, und sein Schatten folgte ihm mühelos. Er sagte zu sich: Ich muss schneller laufen. Also lief er schneller und schneller, lief so lange, bis er tot zu Boden sank. Wäre er einfach in den Schatten eines Baumes getreten, so wäre er seinen eigenen Schatten losgeworden, und hätte er sich hingesetzt, so hätte es keine Schritte mehr gegeben. Aber darauf kam er nicht.

Von der Lebenskunst

*Eine positive
Energie*

*Was uns
alle beflügelt*

Wer hat Lust am Leben?

Wer ist der Mensch, der Lust hat am Leben und gute Tage zu sehen wünscht? Wenn du das hörst und antwortest: ›Ich‹, dann sagt Gott zu dir: Willst du wahres und unvergängliches Leben, bewahre deine Zunge vor Bösem und deine Lippen vor falscher Rede! Meide das Böse und tu das Gute; suche Frieden und jage ihm nach.« Dieser Satz steht ganz am Anfang der Regel des Heiligen Benedikt (Prolog 15–17). 25 Jahre lang habe ich in der Abtei Münsterschwarzach die Jugendarbeit geleitet. Unser Motto für die Jugendarbeit war dieses Wort Benedikts im Prolog seiner Regel, in der er junge Männer mit der Frage ins Kloster einlädt: »Wer hat Lust am Leben?« Unser Ziel war, die jungen Menschen Lust am Leben zu lehren. Doch Lust am Leben ist etwas anderes als das, was die Spaßgesellschaft möchte. Es ist etwas anderes als oberflächlicher Fun. Es ist die Kunst, ganz im Augenblick zu leben, mit allen Sinnen zu leben, das wahrzunehmen, was gerade ist. Die Kunst, präsent zu sein, verlangt einmal Achtsamkeit, zum anderen Loslassen der vielen inneren Stimmen, die ständig etwas von mir wollen oder mich hierhin und dorthin treiben. Ich kann mich nur auf den Augenblick einlassen, wenn ich alles Habenwollen loslasse, wenn ich mich selbst vergessen kann. Loslassen muss ich vor allem die ständige Frage: Was bringt es mir? Was fühle ich dabei? Nur wer sich selbst vergisst, vermag das reine Dasein zu schmecken und die Lust daran zu empfinden.

Mehr Vergnügen – weniger Freude

Die Sprache hat ihre eigenen Erfahrungen mit Freude und Vergnügen. Das Wort Freude kommt von der Wurzel »froh« und meint eine innere Erregung. Wenn ich mich freue, hüpft das Herz in mir. Freude hat mit Lebenslust zu tun. Lust ist eine Empfindung des Herzens. Im Wort Vergnügen steckt »genug«. Ich habe genug bekommen. Ursprünglich kommt das Wort Vergnügen aus der Rechtssprache. Wenn der andere mir genug bezahlt hat, dann bin ich zufrieden gestellt, dann bin ich vergnügt. Die Sucht nach Vergnügen hat etwas von dem Äußerlichen der Bezahlung. Ich bezahle Geld, damit ich mein Vergnügen habe, damit ich genug bekomme von Unterhaltung. Aber solches Vergnügen erreicht nur selten das Herz. In der Freude hüpft das Herz, im Vergnügen hat es das Gefühl, genug an Gegenwert bekommen zu haben.

Hermann Hesse, der viel über diesen Zusammenhang nachdachte, hat gesagt: »Die hohe Bewertung der Minute, die Eile als wichtigste Ursache unserer Lebensform, ist ohne Zweifel der gefährlichste Feind der Freude. Möglichst viel und möglichst schnell ist die Losung. Darauf folgt immer mehr Vergnügung und weniger Freude.« Hesse hat seine Umwelt immer genau beobachtet, und er ist auch ein heftiger Kritiker der hektischen Jagd nach immer neuen Vergnügungen. Wer immer in Eile ist, vermag sich nicht zu freuen. Hesses Überzeugung: Die Vergnügungen, denen die Menschen heute nachjagen, um ihren Spaß zu haben, sind letztlich Ersatz. Und sie sind Zeichen einer inneren Unfähigkeit, Freude zu empfinden. Freude braucht den Augenblick und die Langsamkeit. Wer von einem Event zum anderen eilt, erlebt höchstens ein kurzfristiges Vergnügen. Hermann Hesse hat über diesen Zusammenhang nachgedacht. Er sieht in der Eile den

~ 109 ~

Feind der Freude und die Ursache, statt Freude nur noch Vergnügen zu suchen, das man sich kurzfristig kaufen kann. Wer Freude lernen will, muss offensichtlich langsamer treten. Er muss sich darin üben, ganz im Augenblick zu sein, anstatt immer wieder neu allen Vergnügungen nachzulaufen, die er erhaschen kann, um genug zu haben. Seinem Herzen und seiner Sehnsucht wird das nie ganz genügen.

Kein Spaßzwang

Die Mutter der Ausschweifung ist nicht die Freude, sondern die Freudlosigkeit.« Friedrich Nietzsche, der Philosoph der Ekstase, hat dies ganz nüchtern konstatiert: Wenn jemand ausschweifend lebt und kein Vergnügen auszulassen vermag, dann – so meint er – hat das seinen Grund nicht in der Freude, die nach Ausdruck sucht, sondern ganz im Gegenteil in der Freudlosigkeit. Wer unfähig ist zur Freude, der muss ständig unterwegs sein, um nach Vergnügungen zu suchen. Er wird sein Maß nicht finden. So paradox es klingt: Die Freudlosigkeit ist die Mutter der Vergnügungssucht. Die Spaßgesellschaft spiegelt die Tristesse unserer Zeit wider. Es ist eine freudlose Zeit, in der man seinen Spaß sucht, weil man die Freude im Herzen verloren hat. Oft genug geht dann der Spaß auf Kosten anderer. Man macht andere lächerlich, um sein Vergnügen zu haben. Doch dann merkt man gar nicht, wie verletzend und damit inhuman die Spaßgesellschaft ist. Sie ist nicht eine Einladung an alle, sich des Lebens zu freuen, sondern ohne Rücksicht auf die anderen seinen eigenen Spaß zu haben, die anderen sogar für den Kitzel des eigenen Lachens zu missbrauchen.

Wenn ich Menschen beobachte, nachdem sie das gehabt haben, was sie Spaß nennen, dann sehe ich oft in traurige und leere Gesichter. Wenn sie sich unbeobachtet fühlen, dann tritt die ganze Traurigkeit in ihnen ans Tageslicht. Sie wollen die dunkle Stimmung ihres Herzens vertreiben. Aber es gelingt ihnen nicht. Der Spaß bleibt an der Oberfläche. Er dringt nicht in den Grund des Herzens ein. Am Grund des Herzens aber liegt die Freude in jedem Menschen bereit: ein Schatz, den wir heben können.

Glücksfresser

Die Vergnügungssucht ist unersättlich und frisst am liebsten – das Glück.« Die österreichische Erzählerin Marie von Ebner-Eschenbach bringt es auf den Punkt: Es gibt Vergnügungssucht. Eine Sucht nach Freude gibt es nicht. Vergnügen kann krank machen. Man wird unersättlich. Man bekommt nie genug und muss immer noch mehr haben. Man wird abhängig davon. Sucht ist Krankheit. Im Wort steckt »siech«, d.h. krank sein. Wer von einem Vergnügen zum andern hetzt, der wird unfähig zur Freude. Marie von Ebner-Eschenbach hat den destruktiven Charakter einer solchen Haltung mit der Krankheit der Fress-Sucht in Beziehung gesetzt: Vergnügungssucht frisst das Glück auf. Vergnügen bringt nicht Glück mit sich, sondern vertreibt es. Daher braucht es Genügsamkeit, Beschränkung auf den Augenblick und die Freuden, die der Augenblick mit sich bringt.

Nicht zum Vergnügen

Der Mensch ist nicht zum Vergnügen geboren, sondern zur Freude,« sagt Paul Claudel. Schon die Sprache zeigt es: Das deutsche Wort Vergnügen kommt aus der Geschäfts- und Rechtssprache und meint ursprünglich die Bezahlung und die Zufriedenstellung. Der Mensch ist nicht dazu geboren, zufrieden gestellt zu werden, genug zu haben, in seinen Ansprüchen befriedigt zu werden. Der Mensch ist zur Freude geboren. Freude kommt von »froh« und hat zu tun mit: »hurtig, erregt, bewegt«. Es kommt von hüpfen. Wer sich freut, der hüpft innerlich auf. So hat es Lukas in der Begegnung zwischen Maria und Elisabeth beschrieben: Das Kind in Elisabeth hüpft vor Freude in ihrem Leib auf. Das althochdeutsche Wort für Freude »frewida, frouwida« ist verwandt mit dem schwedischen »fröjd«, das Lebhaftigkeit, Lebenslust bedeutet. Die Freude steht der Lust näher als das Vergnügen. Das Vergnügen ist nur eine Befriedigung meiner Wünsche, die Freude dagegen macht lebendig. Sie macht mich hüpfen. Sie erfüllt mich mit Lust.

Entzücken der Augen

Es ist so eine Ironie, solch ein Widerspruch, dass wir ständig nach Höhepunkten des Erlebens suchen, wenn die Höhepunkte doch in all den Dingen um uns vorhanden sind, die unser Auge entzücken.« Das hat die Dichterin Anais Nin schon vor der Erfindung der so genannten Spaßgesellschaft geschrieben. Die Suche nach außerordentlichen Ereignissen versucht heute eine ganze Vergnügungsindustrie zu befriedigen. Sie hätte nicht so großen Erfolg, wenn die Sehnsucht danach nicht so tief in der menschlichen Seele verankert wäre. Aber was ist ein Höhepunkt?

Der Psychologe Abraham Maslow spricht von »Gipfelerfahrungen«. Solche Erfahrungen aber kann man nicht *machen* oder künstlich inszenieren. Sie geschehen, wenn wir ganz im Augenblick sind. Dann kann ein Sonnenaufgang eine solche Gipfelerfahrung sein. Oder die Geburt eines Kindes. Oder das Schauen in eine herrliche Bergwelt.

Die Höhepunkte sind schon in den Dingen vorhanden. Wir brauchen nur offene Augen, um sie wahrzunehmen.

Positive Antriebskraft

Die griechische Philosophie hat die Lust durchaus als positive Antriebskraft des Handelns bejaht. Allerdings differenziert Platon, der größte griechische Philosoph, die verschiedenen Formen von Lust je nachdem, worauf sie sich richten. Wenn sich die Lust auf hohe ethische Werte oder auf ein vernünftiges und sittlich hoch stehendes Ziel richtet, dann ist sie dem Menschen angemessen. Rein irdische Lust dagegen ist für ihn eher suspekt. Für Platon stellt die Lust das innere Gleichgewicht des Menschen wieder her. Sie ist also für seine innere Gesundheit heilsam. Aristoteles hat ein anderes Verständnis von Lust entwickelt. Er versteht Lust als Bestandteil einer vollkommenen Tätigkeit. Wenn der Mensch vollkommen in einer Tätigkeit aufgeht, erfährt er immer auch Lust. Lust begleitet also unser Tun. Wenn wir unsere natürlichen Fähigkeiten vollkommen ausüben, dann erleben wir Lust.

Höchste Lust

Thomas von Aquin sieht in der sexuellen Lust die Spur, »die aus dem Innersten der göttlichen Natur kommt, das heißt aus seinem trinitarischen Wesen«. Lust ist Fülle und Reichtum und so Abbild Gottes, der in seinem trinitarischen Wesen höchste Lust ist. Die Kirche hat diese Theologie der Lust nie entfaltet, obwohl sie lange Zeit die Theologie des Thomas als Norm allen theologischen Denkens gesehen hat. Für Thomas ist die Lust die vollständige Befriedigung des ganzen menschlichen Seins. In der sexuellen Lust erlebt der Körper ein unaussprechliches Glücksgefühl. Aber auch die Wünsche und Sehnsüchte der Seele sind in diesem Augenblick erfüllt. In der sexuellen Lust öffnet sich der Mensch für etwas, das ihn übersteigt. Und er erfährt eine tiefe innere Dankbarkeit. Gott hat dem Menschen die Lust geschenkt, damit er sich der guten Gaben Gottes erfreuen kann. Er hat alles gut gemacht.

Paradiesisch

Johannes Chrysostomus hat gesagt, Gott habe den Menschen aus dem Paradies einige Dinge hinterlassen, die Sterne des Himmels, die Blumen des Feldes und die Augen der Kinder. Thomas von Aquin ergänzt, zwei Dinge habe Chrysostomus vergessen: Den Wein. Und den Käse.

Johannes Chrysostomus war der begabteste Prediger der Ostkirche. Nicht umsonst erhielt er den Namen »Goldmund«. Er hat den Menschen nicht nach dem Mund geredet, sondern die Botschaft Jesu so verkündet, dass die Menschen davon berührt wurden. Er hat den Egoismus der Reichen gegeißelt und sich durch seine Sozialkritik unbeliebt gemacht, so dass er sein Predigen mit der Verbannung bezahlte. Chrysostomus war aber alles andere als ein harter Moralist. Er hatte einen Blick für die Schönheiten des Lebens und für die Spuren des Glücks, die aus dem Paradies in unsere Welt gerettet wurden. Es sind die Sterne des Himmels, die unser Herz erheben, die Blumen des Feldes, die uns erfreuen, und die Augen der Kinder, aus denen uns das Glück entgegenstrahlt.

Thomas von Aquin, der – selbst gut genährt – offensichtlich ein gutes Essen und einen wohlschmeckenden Wein nicht verschmähte, fügte den eher unschuldigen Dingen des Johannes Chrysostomus noch zwei ganz irdische Dinge hinzu: Essen und Trinken – den Wein und den Käse. Wer etwa im Tessin den selbstgemachten Käse bei einem Schluck heimischen Rotweins bedächtig isst, der kann Thomas von Aquin nur Recht geben. Das muss der Geschmack des Paradieses gewesen sein, der uns da in eine andere Welt hinein hebt. In solchen Momenten kann Ewigkeit erlebbar werden.

Geschmack der Freude

Freude ist etwas anderes als Lust. Sie hat zwar mit Lust zu tun. Aber Freude kann auch rein geistig sein. Lust hat immer etwas Irdisches an sich. Sie schmeckt nach Leidenschaft. Sie drückt sich aus im Leib. Lust ergreift und bewegt den ganzen Menschen. Wir haben sie allerdings zu sehr mit dem Irdischen verbunden, so dass wir sie aus dem geistlichen Bereich verbannt haben. Sie ist uns zu suspekt. Dabei gibt es auch unter Theologen eine andere Sicht: Der aus der bayerischen Oberpfalz stammende Theologe Johann Baptist Metz, Mitherausgeber einer internationalen theologischen Zeitschrift, lud seine aus vielen Ländern stammenden Herausgeberkollegen einmal nach München ein und wurde bei einem Abendempfang von ihnen gefragt, was denn so besonders an den Bayern sei. Seine Antwort: »Sie haben eine natürliche Freude an der Religion und eine mystische Freude am Bier.« Bei einer späteren Gelegenheit, im ebenfalls bayerischen Weinland Franken, wandelte er diese Definition – die selber einer lustvollen Zugehörigkeit zu dem von ihm beschriebenen Stamm entspricht – etwas ab und sprach von der »irdischen Freude an Gott und von der mystischen Freude am Wein«. Es täte unserer Spiritualität gut, wenn die Freude an Gott einen irdischen Geschmack bekäme, den Geschmack eines guten Essens, der Schönheit der Schöpfung und der Lust, im Leib zu sein. Und die Freude am Wein, der ja die Frucht der Erde ist, sollte voll von Mystik sein. Indem ich einen guten Wein trinke, kann ich manchmal Ekstase in Gott hinein erfahren. Da spüre ich einen wundersamen Geschmack. Auch für Johann Baptist Metz ist dieser einzigartige Weingeschmack eine Vorahnung Gottes, der unser Leben mit seiner Liebe verzaubert und uns berauscht. Und das gilt natürlich nicht nur in Bayern oder für Bayern.

Hemmung macht krank

In der deutschen Philosophie war Lust kein Lieblingsthema. Immanuel Kant setzt der Lust die sittliche Pflicht entgegen. Erst die Psychoanalyse eines Sigmund Freud hat sich wieder ausführlich mit der menschlichen Lust beschäftigt. Für ihn ist das Streben nach Lust und das Vermeiden von Unlust der zentrale menschliche Antrieb von früher Kindheit an. Allerdings zeigt sich auch bei Freud, dass die Lust nicht lange währt. Wer erwachsen werden will, muss sich der Realität anpassen. Und die verspricht oft keine Lust mehr.

Für die heutige Psychologie ist Lust eine wichtige Empfindungsqualität des Menschen. Wenn der Mensch bei der Arbeit Lust empfindet, geht sie ihm besser von der Hand. Wenn er Lust beim Wandern hat, dann hebt sich sein Herz. Wenn er mit Lust in eine Besprechung geht, wird sie eher gelingen. Und wenn Menschen Lust im sexuellen Einswerden spüren, dann fördert das ihr Erleben von Liebe. Lust dient der Gesundheit, sagen Psychologen. Und sie weisen auch auf das Gegenteil hin: dass der Mensch durch Lusthemmung krank wird.

Was das Herz begehrt

Habe deine Lust am Herrn! Was dein Herz begehrt, wird er dir geben« (Ps 37,4). Die Einheitsübersetzung spricht an dieser Stelle von der Freude am Herrn.

Die Übersetzung unseres Stundenbuches, die einige Benediktiner-Exegeten erarbeitet haben, bringt hier in Übereinstimmung mit dem lateinischen Text (delectare) das Wort »Lust«. Ich soll mich nicht nur intellektuell oder gefühlsmäßig über Gott freuen. Vielmehr geht es darum, mit dem ganzen Leib, in meinem ganzen Wesen, Lust an ihm zu haben. Hieronymus hat das in seiner Vulgataübersetzung genauso gesehen.

Er spricht nicht von »laetare = freue dich«, sondern von »delectare = habe Lust«. Das lateinische Wort »delectare« bedeutet ursprünglich: an sich locken, sich ergötzen, Lust haben. Es meint eine Freude, die den ganzen Leib zittern macht. Da schwingt der ganze Leib mit. Der Psalmist kennt nicht eine rein geistige Freude. Wenn er sich freut, freut er sich mit allen Sinnen. Und wenn er Lust an Gott hat, hat er sie mit den gleichen Organen, die die sexuelle Lust verspüren.

Aber ist das eine Erfahrung, die nur der Psalmist macht? Was heißt das für uns heute? Ich kann diese Lust an Gott nicht einfach machen. Aber wenn ich mit all meinen Sinnen genieße, was Er mir schenkt, dann ahne ich, was es heißt: Lust an Gott zu haben, zu spüren, wie der ganze Leib vibriert, wenn Seine Liebe mich erfüllt.

Lust an der Fülle

Lust haben heißt für mich: mich mit dem ganzen Leib freuen über die Fülle des Lebens. Das ist auch eine biblische Erfahrung: »Die Armen werden das Land besitzen und ihre Lust haben an der Fülle des Friedens«. So steht es in Psalm 37. Hier spricht der Beter von den Frevlern, die es den Armen schwer machen. Doch er spricht sich selbst Mut zu, nicht auf die Frevler zu achten, sondern still zu werden vor Gott und auf ihn zu harren. Gegen alle Bedrängnis durch böse Menschen steht Seine Verheißung: Die Armen werden das Land besitzen und sie werden Lust haben an der Fülle des Friedens. Friede, Schalom, ist nicht nur das Fehlen von Krieg und Streit, sondern alles, was der Mensch ersehnt: Ruhe, Segen, Fülle des Lebens.

»Das Leben ist eine Herrlichkeit!«

Ich kenne Menschen, die immer etwas zu jammern haben. Wenn man sie nach dem Wetter fragt, jammern sie, dass es entweder zu heiß oder zu kalt ist, zu trocken oder zu regnerisch. Man hat den Eindruck, dass es ihnen keiner je recht machen kann. Wenn ich sie nach der Arbeit oder nach der Familie frage, geht das Klagen weiter. Nirgends sind sie zufrieden. Solchen Menschen muss man ein Wort von Rainer Maria Rilke bewusst entgegenhalten und sie daran erinnern: »Vergessen Sie nie, das Leben ist eine Herrlichkeit.« Rilke hat dies in einem späten Brief geschrieben, als er selber schon sehr krank war. Er bezieht sich nicht auf besondere Eigenschaften des Lebens, weder auf den Erfolg, noch auf die Liebe, weder auf Gesundheit noch auf die Kraft der Jugend. Das Leben an sich, mit seinen Höhen und Tiefen, mit seinen Licht- und Schattenseiten, mit seinem Auf und Ab, mit Schmerz und Freude ist eine Herrlichkeit. Es ist immer spannend, das Leben anzuschauen und staunend zurückzutreten, um seinem Geheimnis nachzuspüren.

Entscheide dich dafür

Wenn mir jemand vorjammert, wie schlimm alles ist, hat es keinen Zweck, ihm das Positive vor Augen zu führen. Wie oft habe ich mir den Kopf darüber zerbrochen, was ich einem solchen Menschen sagen, auf welche Dinge ich ihn hinweisen könnte, um ihm zu zeigen, wofür er dankbar sein dürfe. Doch bei allem, was ich vorgebracht habe, hatte er neue Einwände: bei ihm sei das doch alles ganz anders. Ich habe mir dann abgewöhnt, das Positive gegen das Jammern zu setzen. Heute frage ich anders: Warum brauchst du das Jammern eigentlich? Was bringt es dir, dass du alles so negativ siehst? Welche Strategie bezweckst du, alles negativ zu sehen? Oder ich sage einfach: Du siehst das so. Aber man könnte es ja auch anders sehen. Warum meinst du, dass gerade deine Sichtweise stimmt? Es ist deine Sache, das Leben so zu sehen, wie du es willst. Ich akzeptiere das. Aber ich an deiner Stelle würde mich für das Leben entscheiden, anstatt dagegen.

Unverzichtbar

Auf Begierde soll man verzichten, nicht aber auf Freude.« Das sagt der Sufi-Meister Hazrat Inayat Khan. Eine klare Weisung. Sie gilt für alle spirituellen Traditionen. Manche werfen der christlichen Askese vor, sie sei lebensfeindlich, leibfeindlich, trübselig und hart. In Wirklichkeit geht es der Askese immer um die Einübung in die innere Freiheit. Die Christen haben die Askese nicht erfunden. Askese ist ein Wort aus der griechischen Welt des Sports. Der Sportler trainiert sich, damit er größere Leistungen erzielen kann. Aus der Welt des Sports kam das Wort in die Philosophie. Die Philosophen übten sich ein in die innere Freiheit. Die Askese war für sie ein Training in die Haltungen, die sie als dem Menschen angemessen erkannt hatten: Gerechtigkeit, Tapferkeit, Maß und Klugheit. Sie war ein Weg, auf dem sie ihr Leben selbst in die Hand nahmen, anstatt von äußeren Einflüssen oder aber von den Begierden im Innern ihres Herzens gelebt zu werden.

Beunruhigend

Gier – so sah es schon die stoische Philosophie – trübt die Freiheit und Würde des Menschen. Der Mensch kann nicht mehr über sich verfügen, wenn er sich von seinen Begierden treiben lässt. Er verliert die Klarheit seines Geistes und die Ruhe seines Herzens. Askese ist daher nicht lebensfeindlich, sondern lebensfreundlich. Sie will uns in die wahre Freude führen.

Ein anderes Wort für Askese ist »Disziplin«. Es kommt vom lateinischen Wort »discapere« und meint: in die Hand nehmen, selber gestalten. Für Hildegard von Bingen besteht das Wesen der Disziplin in der Kunst, sich immer freuen zu können. Wer voller Gier ein Stück Torte nach dem anderen verschlingt, der kann sich am Genuss nicht freuen. Er wird sich nachher ärgern, dass er zuviel gegessen hat. Wer sich dagegen auf den Genuss eines Stückes beschränkt, der kann sich beim Essen und noch lange danach freuen. Er behält den Geschmack der Freude in seinem Mund und in seinem Herzen.

Nicht nur geistig

Wer sich Lust verbietet, dem stößt das Leben sauer auf. Und er schädigt sich dadurch selber, ohne Lebenslust wird auch unser geistliches Leben kraftlos und saftlos. Lust ist ein wesentlicher Antrieb des Menschen. Diesen Antrieb braucht auch unser geistliches Leben. Zu oft ist Spiritualität mit Leiden gleichgesetzt worden. Aber Spiritualität umfasst auch unsere Sehnsucht nach Glück und unsere positiven Erfahrungen. Natürlich darf Spiritualität nicht verflachen zur Wohlfühlbefindlichkeit, zu einer Wellness-Spiritualität, die nur Kuschelecken der Entspannung sucht. Aber dass das geistliche Leben, wenn es stimmt, auch lustvoll ist, das sollten wir uns bewusst machen und achtsamer wahrnehmen. Im Lukasevangelium reagieren die Leute auf die Worte und Taten Jesu immer mit Freude. Das war nicht nur eine rein geistige Freude. Es war Lust an dem, was sie sahen und erlebten.

*Stell dich in den
Fluss des Lebens*

*Mit allen Sinnen
ganz präsent*

Reines Dasein

Manchmal denke ich. Und manchmal bin ich.« Paul Valery hat mit dieser Einsicht eine überraschende Einsicht und eine Erfahrung vieler erleuchteter Menschen formuliert: eine Einsicht, die uns alle betrifft. Wir haben einen Verstand, und den müssen wir auch gebrauchen. Er hilft uns, unser Leben zu meistern. Doch manchmal steht der Verstand unserer Sehnsucht nach Leben im Weg. Solange ich über mein Leben nachdenke, bin ich auch in Distanz, ziehe ich mich vom Leben zurück. Ich denke über das Leben nach und bin doch von ihm getrennt. Ich reflektiere das Leben, aber ich nehme es nicht wahr. Ich spüre es nicht. Paul Valery kennt die andere Erfahrung, dass er manchmal einfach nur da ist. Der Verstand ist nicht einfach ausgeschaltet, aber er ruht. Er hört auf, über das Leben nachzudenken. Er nimmt das Leben einfach wahr. Wenn ich einfach *da* bin, reines Dasein bin, dann lebe ich wirklich. Dann brauche ich nicht darüber zu reflektieren, ob ich jetzt Lust empfinde oder nicht. Ich bin einfach. Das genügt.

Gott hat sich im Alten Testament als der geoffenbart, der einfach ist: Ich bin da. Die Griechen haben das in ihre Philosophie hinein übersetzt: »Ich bin der Seiende. Ich bin reines Sein.« Jesus selbst offenbart sich vor allem im Johannesevangelium immer wieder mit dem Satz: »Ich bin.« Er ist einfach da.

In der Meditation, aber oft auch mitten im Alltag kann uns dieses Gefühl überfluten: Ich bin. Ich kann darüber nicht mehr nachdenken. Denn ich komme nie damit ans Ende, was es heißt, zu sein. Ich bin reines Dasein.

Wie ein Strom, der fließt

Henry Miller hat in seinem Buch »Das Lächeln am Fuße der Leiter« den Clown als Inbegriff der Lebensfreude beschrieben. Er sagt da vom Clown: »Er wünschte den Menschen das Geschenk einer unablässigen, stetig sich neu erweckenden, neu sich speisenden Freude zu geben.« Es ist eine wunderbare Aufgabe, die der Clown sich gestellt hat. Er möchte den Menschen eine Freude schenken, die sich immer wieder erneuert. Freude ist für den Clown wie ein Strom, der ohne Unterlass fließt. Wie der Strom nicht aufhört zu strömen, so möchte auch die Freude in uns beständig fließen. Die Botschaft des Clowns besteht nach Henry Miller darin, »dass wir teilhaben sollen am unaufhörlichen Fluss der endlosen Freude«. Wenn ich die Freude in mir strömen lasse, kann ich sie nicht in Besitz nehmen oder anhalten. Ich muss sie fließen lassen: »fließen immerfort, ohne Ende wie Musik. Das ist der Gewinn im Verzicht, und der Clown ist das Sinnbild dafür.« Freude kann ich nicht festhalten. Das wäre gegen das Wesen der Freude. Wenn Freude fließen muss, kann nur der sie erfahren, der sich ihrem Fluss überlässt. Er kann die Freude nur genießen, wenn er darauf verzichtet, sie für sich zu haben und festzuhalten. Was von der Freude gilt, gilt auch für die Lust. Die Lust kann man nicht anhalten. Man kann sich ihr nur überlassen. Letztlich ist es eine spirituelle Forderung, sich loszulassen und sich dem Leben zu überlassen. Nur der spürt Lust, der sich von seinem Ego, das immer haben und greifen möchte, distanziert. Selbstverleugnung kann zur Voraussetzung für echte Lust werden. Selbstverleugnung heißt nämlich nichts anderes als dies: Abstand zu bekommen von dem Ego, das alles besitzen oder konsumieren möchte, und das ist die Voraussetzung, um sich dem wahren Leben zu überlassen.

Vergiss dein Gehirn eine Weile

Wir sind zu kopflastig. Wir denken über die Dinge nach, wenn es darauf ankäme, sie zu spüren. Im Denken schaffe ich Abstand, nicht nur zu den Dingen, sondern auch zu Personen. Ich mache mir eine Theorie über einen Menschen, anstatt mich auf den Menschen einzulassen. Der Kopf ist immer unruhig. Er denkt ständig an etwas anderes. Natürlich ist der Verstand etwas Kostbares. Ohne ihn wären wir nicht so weit gekommen, wie wir sind. Ohne ihn hätte ich mein Leben nicht so gemeistert. Aber oft genug steht er mir auch im Weg und hindert mich daran, den Augenblick zu genießen. Denn der Verstand vermag nicht im Augenblick zu verweilen. Anders meine Sinne: Sie führen mich ein in die Kunst, im Augenblick zu sein. In den Sinnen bin ich immer ganz präsent. Da spüre ich, da schaue ich, da höre ich, da rieche ich, da schmecke ich, da berühre ich: hier und jetzt. Der Dichter Otto Julius Bierbaum lädt uns ein, einmal die Herrschaft des Gehirns zu verlassen, um uns ganz den Sinnen und durch sie dem Leben hinzugeben. Das ist ein Weg, die Lust am Leben zu erfahren:

»...Vergiss dein Gehirn eine Weile und sei
Gedankenlos dem lieben Leben
Blumeninnig hingegeben;
Vergiss dein Begehren, vergiss dein Streben
Und sei in seliger Einfalt frei
Des Zwangs, der dich durchs Hirn regiert!
Er hat dich freilich hoch geführt
Und vieles dir zu wissen gegeben,
Aber das allertiefste Leben
Wird nicht gewusst, wird nur gespürt.

Der Blumen zarte Wurzeln fühlen
Im keimlebendigen, frühlingskühlen
Erdboden mehr von ihm als du.
Und bist doch auch ein Kind der Erde.
Dass sie nicht sinnenfremd dir werde,
Wende ihr heute die Sinne zu! ...«

(Otto Julius Bierbaum, 1865–1910)

Leben ist die Lösung

Es gibt heute eine Flut von Ratgeberbüchern. Sie versprechen Hilfe, unser Leben besser zu bewältigen. In manchen dieser Bücher wird das Leben als Problem gesehen, das man lösen sollte. Die vielen Ratschläge wollen zeigen, wie man das Leben in den Griff bekommt, wie es sinnvoll zu leben wäre. Manchmal hat man den Eindruck, dass das Leben wie ein Feind angesehen wird, den man zu überwältigen versucht.

Der große südfranzösische Dichter Marcel Pagnol zeigt uns einen anderen Weg, mit dem Leben umzugehen: »Leben ist für den Optimisten kein Problem, sondern bereits die Lösung.« Dahinter steckt nicht nur südliche Lebensfreude. Sondern die tiefe Weisheit: Es geht nicht darum, das Leben in den Griff zu bekommen, sondern dem Leben Raum zu geben.

Das Leben ist nicht das Problem, das wir lösen sollen. Wenn das Leben strömt, dann ist das schon die Lösung. Leben hat etwas zu tun mit Fließen und Strömen. Unsere Aufgabe kann nur sein, dem strömenden Leben nicht Einhalt zu gebieten, sondern ihm freien Lauf zu lassen. Und an uns liegt es, das Leben zu spüren, das schon in uns ist. Wer mit dem Leben in Berührung ist, wer lebendig ist, wer wirklich lebt, für den ist das Leben kein Problem, sondern schon die Lösung.

Einverstanden mit dem Ganzen

Um gesund zu sein, muss man der Welt im Ganzen zustimmen.« Der Medizinhistoriker Heinrich Schipperges hat das Geheimnis der Heilkunde Hildegards von Bingen so zusammengefasst: Gesundheit kann man nicht nur durch gesunde Ernährung oder durch eine gesunde Lebensweise erreichen. Wer im Innersten gesund sein will, der muss einverstanden sein mit der Welt, so wie sie ist. Nur so kommt er mit sich selbst in Einklang. Und dies ist die Voraussetzung der Gesundheit. Zu unserer Welt gehört auch die Krankheit. Der Welt im Ganzen zustimmen heißt auch, Ja zu sagen, dass ich krank werden kann. Wenn ich auch meiner Krankheit zustimme, verliert sie ihre zerstörerische Macht. Sie kann zwar meinen Leib zum Tod führen. Aber mich in meiner Seele vermag sie nicht zu vernichten. Wenn ich der Welt mit ihren Gegensätzen zustimme, dann bleibe ich heil, selbst wenn ich von einer unheilbaren Krankheit befallen bin.

Das Jubeln der Amsel

Joachim Ernst Berendt, der viel über das Hören geschrieben hat, spricht einmal von »einem Frühlingsmorgen in einem Baum, an dem die ersten Blätter sprießen und auf dessen höchstem Trieb jubelnd die Amsel flötet.« Berendt, Sohn eines evangelischen Pfarrers, galt lange Zeit in Deutschland als der Kritiker, der sich am besten mit Jazz auskannte. Mich hat immer fasziniert, wie er über die Sinne schreibt. Ihm stand der Hörsinn im Zentrum. Das Hören führt zum Leben. Das Hören von heiterer Musik weckt in mir die Freude. Und manchmal erfahre ich im Hören eine unaufhörliche Lust. Im Hören höre ich das Unhörbare. Und Hören ist ein sehr emotionaler Sinn. Wer ganz im Hören ist, hört sogar die Blätter sprießen. Und das Lied der Amsel lässt das eigene Herz aufjubeln.

Für die Mystiker des Mittelalters war der Jubel die höchste Erfahrung Gottes. Im Jauchzen und Jubeln wird der Mensch ganz und gar von Gott aus sich herausgerissen und in die göttliche Ekstase hineingeführt. Da hört er das Unhörbare. Da fängt er selbst an zu singen.

Für Augustinus ist das Jubeln die Kunst, ohne Worte Gott zu besingen, der jenseits aller Worte ist. »Wem ziemt solcher Jubilus, wenn nicht dem unaussprechlichen Gott? Unaussprechlich ist, wen man in Worten nicht aussprechen kann. Und wenn du ihn nicht aussprechen kannst, aber trotzdem nicht schweigen willst, was bleibt dir übrig, als zu jubilieren, damit sich das Herz ohne Worte freue und die unendliche Weite der Freude keine Grenze habe an den Worten?« Im jubelnden Flöten der Amsel klingt etwas vom wortlosen Jubilus aus, der das unaussprechliche Geheimnis unseres Daseins auf angemessene Weise besingt und preist.

Warum der Vogel singt

Es gibt ein chinesisches Sprichwort, das heißt: »Ein Vogel singt nicht, weil er die Antwort weiß – er singt, weil er ein Lied hat.« Eine wunderschöne Weisheit ist hier ausgedrückt. Der Vogel singt, weil er in sich ein Lied hat, das nach außen drängt. Nicht, um irgendjemandem eine Antwort zu geben. Nicht, weil er die Antwort auf die großen Fragen der Zeit hat. Er singt, weil er Lust am Singen hat.

Es gibt Dichter, die mit ihren Gedichten eine Antwort auf die tiefsten Fragen der menschlichen Seele zu geben suchen. Doch andere Dichter schreiben aus lauter Freude an der Sprache. Sie spielen mit der Sprache. Sie drücken das innere Lied aus, das in ihnen erklingt, ohne sich den Kopf zu zerbrechen, ob ihre Worte irgendeinem Menschen eine Antwort auf seine Fragen geben. »Antwort« heißt eigentlich: Worte sagen, angesichts eines anderen, gegenüber einem anderen. Antwort ist Gegenrede. In der Antwort sind wir immer auf einen anderen bezogen. Wir sagen dem anderen etwas. Oft genug stehen wir unter Druck, wenn wir dem anderen etwas sagen wollen. Wir möchten ihm das Richtige sagen, etwas, das vor ihm bestehen kann.

Der Vogel, der singt, ist frei von solchem Druck. Er denkt nicht an die anderen, denen er vorsingt, und er singt nicht deshalb, weil er gut singen möchte. Er singt, weil das Lied in ihm ist und nach außen drängt. Das Singen ist Ausdruck seiner inneren Freude. Und gerade weil sein Singen so zweckfrei ist, macht es uns Freude. Absichtsloses Singen spiegelt die innere Freiheit und Lust am Leben wider. Wenn wir hinter etwas zuviel Absicht spüren, stört es uns. Das Sprichwort sagt: »Man spürt die Absicht und ist verstimmt.« Der Vogel hat keine Absichten mit seinem Singen. Er singt, weil er ein Lied hat. Aus purer Lebenslust.

Farbe der Hoffnung, Farbe des Lebens

Wenn ich einen grünen Zweig im Herzen trage, wird sich ein Singvogel darauf niederlassen.« Was dieses chinesische Sprichwort meint: Glück kann man nicht machen. Und doch liegt es auch an uns, ob wir uns freuen oder ob wir schlechter Stimmung sind. Denn – so rät uns dieses Sprichwort – wir können unser Herz mit einem grünen Zweig schmücken. Denn Grün ist die Farbe der Hoffnung, des neuen Lebens. Hoffnung ist eine Tugend. Man kann sie erwerben. Um sie muss man sich bemühen. Hoffen heißt: trotz aller deprimierenden Wirklichkeit auf eine heilvolle Zukunft setzen, sich selbst nicht aufgeben, vertrauen, dass Gott alles zu verwandeln vermag. Das chinesische Sprichwort vertraut auf die Hoffnung: Ein Singvogel wird sich mit Sicherheit auf unseren grünen Zweig setzen. Er wird unsere Seele mit Freude erfüllen – wenn wir nur der Hoffnung in uns Raum geben.

Tue nichts und lass das Leben auf dich regnen

Was machen Sie?« wurde die Dichterin Rahel Varnhagen einmal gefragt. Ihre Antwort: »Nichts. Ich lasse das Leben auf mich regnen.« Eine überraschende Reaktion: Heute wollen wir jede Haltung *lernen*. Wir wollen wissen, wie ich Glück lernen kann, wie ich Lust am Leben einüben kann. Doch je mehr man etwas machen will, desto schneller entschwinden Glück und Lust. Rahel Varnhagen hat eine andere Antwort: Sie tut nichts, um das Leben als Lust zu empfinden. Sie lässt das Leben einfach auf sich regnen. Wenn ich im Regen stehe und den Regen einfach auf mich strömen lasse, dann kann ich tatsächlich Lust empfinden.

Normalerweise ist uns Nässe unangenehm, wir schützen uns vor Regen. Das ist auch normal. Denn wir können nicht mit klammen Kleidern herumlaufen. Doch wenn ich fast unbekleidet im warmen Regen stehe, dann fühle ich auch auf ganz angenehme Weise, wie es strömt. Im Regen spüre ich das fließende und strömende Leben selbst.

Ich habe zehn Jahre lang mit Jugendlichen eine Wanderwoche veranstaltet. Einmal sind wir von einem starken Regenguss überrascht worden. Es war vorher sehr warm. Die Jugendlichen sind vor dem Regen nicht geflohen. Sie haben den Regen richtiggehend genossen und angefangen, im Regen zu tanzen. Man sah ihnen ihre Lust an, den Regen mit allen Sinnen wahrzunehmen, anstatt sich dagegen zu wehren.

Rahel Varnhagen sieht den Regen als Bild für das Leben. Sie stellt sich in den Strom des Lebens. Das Leben ist überall da. Es umgibt uns. Wir brauchen uns nur zu öffnen. Dann spüren wir, wie das Leben auf uns einregnet. Das Leben wahrzunehmen, das schon da ist, das ist Lust am Leben.

Du Frühlingswind

Die Lust, die wir empfinden, liegt in unserer Natur. Ja, sie ist offensichtlich der Schöpfung eingegeben. Wenn wir Lust spüren, dann kommen wir in Berührung mit einer Energie, die Gott in die Schöpfung hineingelegt hat, in die Pflanzen, in die Tiere, in den Leib, in die Leidenschaften. Salvatore Toma hat in einem kleinen Gedicht diese Lust beschrieben, die in jedem Blatt und in jeder Knospe steckt:

»Frühlingswind, du sprichst
Mit Blätterstimmen.
Öffnest die Knospen
Und lässt sie erzittern.«

Gerade im Frühling können wir diese Lust beobachten, wie sie aufbricht und alles in uns und um uns erzittern lässt. Salvatore Tomas Gedicht zeigt uns den Weg, wie wir diese Lust erfahren können. Wir brauchen nur zu staunen vor dem, was ist. Wir brauchen nur zu beobachten, was wir sehen, und die Tiefe von dem erspüren, was wir schauen. Dann sehen wir die Lust, dann spüren wir sie, dann geht sie von der Schöpfung in uns über, dann nehmen wir nicht nur den Frühlingswind wahr, sondern werden von ihm zur Lust auf dem Grund unseres Herzens geführt. Der Frühlingswind berührt uns und öffnet die Knospen, die in uns verborgen sind und danach drängen, aufzubrechen, einer kraftvollen Lebensfreude.

Ein unbesiegbarer Sommer

*T*ief im Winter lernte ich endlich, dass in mir ein unbesiegbarer Sommer lag« (Albert Camus). Wenn der Winter uns mit klirrender Kälte umgibt, sehnen wir uns nach der Wärme des Sommers. Der französische Dichter und Philosoph Albert Camus hat die Erfahrung des Sommers mitten im Winter gemacht – in sich. Und dieser Sommer konnte aus seinem Herzen durch keine Kälte vertrieben werden. Die Erfahrung von Albert Camus, der die Absurdität des Lebens kannte, aber an ihr nicht verzweifelt ist, möchte auch uns ermutigen, mitten in der Kälte unseres Herzens die unbesiegbare Wärme der Sonne zu sehen. Auch wenn wir uns leer fühlen, ist in uns die Gewissheit, dass es in uns wieder aufblühen wird. Wir sehnen uns nicht nur nach dem Sommer. Er ist immer in uns. Und er ist unbezwingbar. In der Natur wird er mit Sicherheit wieder kommen. Er ist so im Rhythmus der Natur verankert, dass er sich durch keinen Winter vertreiben lässt. Genauso ist er auch in unserer Seele verankert. Und keine Depression, keine Enttäuschung, kein Nebel und keine Kälte kann ihn aus der Seele herausreißen. Im Winter spüren wir den Sommer nicht. Aber zu wissen, dass er in uns ist und zwar als unbesiegbarer, das entmachtet den Winter. Das lockert den Griff jeder Kälte, die ihre Finger nach uns ausstreckt.

Der Himmel ist schon da

Es gibt ein Gedicht von Rose Ausländer, bei dem ich mir, wenn immer ich es lese, ein kleines Mädchen vorstelle, das unbeschwert im Sandkasten spielt:

»... In ihren Augen badet das Meer
ihr Haar ist ein Schwarm Schwalben
die Hand eine bronzene Blüte.
Sie schaufelt Sonne in den Blecheimer
Schüttet sie in meine Hand
Lacht ein Echo in den Sand...«

Dieses Mädchen muss nicht ans Meer, um baden zu können. Das Meer selber badet sich in seinen Augen. Der Wind weht durch ihr Haar. Es ist selber ganz Natur. Wie ein Schwarm Schwalben, die auf und nieder fliegen, voller Lust am Leben, voller Lust am Fliegen. Wenn ich seinem selbstvergessenen Spiel zuschaue und sehe, wie es voller Freude ist über das, was es tut, dann ist es, als ob das Kind aus seinem Blecheimer die Sonne auch in meine Hand schüttet. Und der Sand, den das Kind in den Kasten zurückschüttet, ist wie ein Lachen. Wenn ich es wagen würde, selbst mit dem Sand zu spielen, würde ich das Echo seines Lachens in jedem Sandkorn hören.

Dann geht mir auf, was Jesus meint, wenn er sagt: »Wenn ihr nicht werdet wie die Kinder, könnt ihr nicht in das Himmelreich eingehen.« Der Himmel ist schon da. Aber vor lauter Fixiertsein auf die Erde und ihren alltäglichen Kleinkram vermag ich ihn nicht zu sehen. Wenn ich so lebe, kann ich auch nicht in das Himmelreich eingehen: in das Reich, in dem man die Sonne in Blecheimer schaufelt und die Liebe in jeder Blüte erkennt.

Die Erde – eine Himmelsblume

*W*ir nannten die Erde eine der Blumen des Himmels, und den Himmel nannten wir den unendlichen Garten des Lebens.« Friedrich Hölderlin ist wohl der deutsche Dichter, der die schönste Sprache spricht. Dem Zauber ihres melodiösen Flusses kann man sich kaum entziehen. Dieser Zauber ist freilich nichts Oberflächliches. Schönheit und Schmerz gehen hier zusammen.

Wenn ich sein Wort über Himmel und Erde in mein Herz fallen lasse, dann verändert es meine Augen. Ich werde mit einem anderen Blick auf diese Erde schauen. Ich werde nicht fixiert sein auf die Verwüstung und Zerstörung, die Menschen dieser Erde angetan haben. Ich muss dies alles nicht leugnen oder verdrängen, und ich werde trotz allem sehen, wie die Blume die harte Erde durchbricht, wie sie wächst, wie sie Knospen treibt und schließlich die Blüte aufgehen lässt.

Wenn der Himmel für Hölderlin der »unendliche Garten des Lebens« ist, klingen biblische Bilder an. Die Schöpfungsgeschichte spricht vom Garten des Paradieses, in dem der Mensch im Einklang war mit sich und Gott und mit der ganzen Schöpfung, wo er glücklich und zufrieden war. Das Hohe Lied spricht vom Garten der Liebe, in dem sich Braut und Bräutigam treffen, um die Liebe miteinander zu genießen. Doch der schönste Garten, von dem die Bibel spricht, ist für mich der Garten der Auferstehung. In ihm begegnet Maria von Magdala dem Auferstandenen und erfährt eine Liebe, die stärker ist als der Tod. Wenn Hölderlin den Himmel den unendlichen Garten des Lebens nennt, dann klingt in seinen Worten etwas wieder vom Garten der Auferstehung, der den begrenzten Garten des Paradieses entgrenzt und uns den unendlichen Garten des Lebens öffnet, den Gott uns geschenkt hat, damit wir ohne Ende uns an seiner Schönheit erfreuen.

Setz dich ins Gras und öffne die Augen

Wenn wir uns nicht glücklich fühlen, so liegt das daran, dass wir vergessen, dass bereits gesunde Augen ein Grund zum Glücklichsein sind. Wir brauchen uns nur ins Gras zu setzen, unsere Augen zu öffnen und mit Achtsamkeit zu schauen. Dann erkennen wir das Paradies der Formen und Farben.« Thich Nhat Hanh, der buddhistische Mönchspoet aus Vietnam, lehrt seine Schüler und Schülerinnen den Weg der Achtsamkeit. Achtsam im Augenblick zu sein, das ist für ihn mehr als nur eine Übung der Konzentration, es ist der Weg zum Glück. Dass sich viele Menschen nicht glücklich fühlen, liegt für ihn in der mangelnden Achtsamkeit begründet. Es braucht nicht viel zum Glück. Es braucht nur die Achtsamkeit. Wenn wir dankbar sind für das, was wir wahrnehmen, dann sind allein die gesunden Augen schon eine Quelle des Glücks. Täglich dürfen unsere Augen wunderbare Dinge sehen. Aber es braucht die Übung der Achtsamkeit, damit wir die Wunder auch bewusst wahrnehmen, die sich unserem Auge täglich darstellen: das Wunder einer Rose, das Wunder eines Berges, das Wunder eines Käfers, der unseren Weg kreuzt, das Wunder eines menschlichen Antlitzes.

Im Steigerwald besitzt unsere Abtei Münsterschwarzach einen kleinen Hof, den Winkelhof, zu dem wir Mönche uns zurückziehen können. Er liegt mitten in wunderbaren Wäldern. Wenn ich im Herbst auf die bunten Wälder schaue, wie sie im Sonnenlicht erstrahlen, dann habe ich den Eindruck, dass Gott ein Maler ist. Er hat über die Bäume Farben ausgestreut, wie es kein Künstler besser könnte. Nicht umsonst sprechen wir vom goldenen Oktober. Wenn ich ganz im Schauen aufgehe, dann erlebe ich eine tiefe innere Freude. Dann schaue ich in das »Paradies der Formen und Farben«, das der Dichtermönch aus Vietnam gemeint hat.

Durch die Blume

*E*uch (Blumen) erzog zu Lust und Wonne/ Ja, euch liebte die Natur.« (Friedrich Schiller)

Schiller meint nicht, dass die Blumen Lust empfinden können wie der Mensch. Doch für ihn sind die Blumen von der Natur dazu erzogen worden, Lust und Wonne zu sein. Letztlich ist es nicht die Natur, die die Blumen liebt und sie mit Lust und Wonne erfüllt hat, sondern der Schöpfer der Natur. Der Dichter spürt in den Blumen sichtbar, oft auch riechbar gewordene Lust. Es liegt am Menschen, diese Lust, die ihm in der schönen Blume begegnet, auch wahrzunehmen, sie zu schauen, sie zu betasten und sie zu riechen. Dann erfährt er, dass er nicht nur Lust über die Blume empfindet, sondern dass er an der Lust der Blume selbst Anteil hat. Er spürt die Lust, die in der Blume steckt und die nur eines Schlüssels bedarf, um für ihn erschlossen zu werden. Den Schlüssel, um die Lust in den Blumen zu erleben, bieten ihm seine fünf Sinne an. Er muss sie nur benutzen.

Die Sonne hinterm Wolkenhimmel

Bienen können die Sonne auch durch den Wolkenhimmel hindurch fühlen. Die Dichterin Hilde Domin macht daraus einen Wunsch:

»Wer wie die Biene wäre
Die die Sonne
Auch durch den Wolkenhimmel fühlt
Die den Weg zur Blüte findet
Und nie die Richtung verliert
Dem lägen die Felder im ewigen Glanz
Wie kurz er auch lebte
Er würde selten weinen.«

Wer das Licht auch durch den Nebel des Alltags hindurchschimmern sieht, wer den Glauben an die Helligkeit nicht aufgibt, auch wenn er im dunklen Loch seiner Depression sitzt, der findet auch mitten in seiner Traurigkeit und Unzufriedenheit den Weg ins Freie, oder, im Bild des Gedichts, zur Blüte, an der er sich satt saugen und an deren Schönheit er sich erfreuen kann. Es ist eine eigene Lebenskunst, diesen Weg auch dann zu finden, wenn ich innerlich aufgewühlt oder verletzt, wenn ich enttäuscht und verzweifelt bin. Die Blüten sind da, auch wenn es dunkel und neblig ist. Doch ich bräuchte ein inneres, instinktives Gespür wie die Biene, dass ich diese Blüten auffinde. Für den einen ist es die Musik, die er auf seinem CD-Player auflegt, um mitten im inneren Chaos sich an ihrer gestalteten Schönheit zu erfreuen. Für den andern ist es ein Bild, das er anschaut. Für mich sind es oft Worte aus der Bibel, die mir in schwierigen Situationen helfen. Das Bild Hilde Domins stimmt: Sie sind dann für mich wie eine Blüte unter einem wolkenverhangenen Himmel.

Wer diese Kunst gelernt hat, der sieht die Felder seiner Seele im ewigen Glanz liegen. Der erkennt den göttlichen Glanz seiner Seele, auch wenn sie durch Traurigkeit oder Kränkung verdunkelt ist, auch wenn Trostlosigkeit und Trauer sie einhüllen. Wie die Biene die Blüten immer und überall zu finden, an den Glanz der eigenen Seele zu glauben, auch wenn alles dagegen spricht – darum geht es. Der Glaube an das Licht, das in uns leuchtet, auch wenn man es nicht sieht, wird uns zu dem befähigen, was die Dichterin dem Menschen wünscht:

»Wie kurz er auch lebte
Er würde selten weinen.«

Gipfelerfahrung

Wo ein Begeisterter steht, ist der Gipfel der Welt.« Joseph Freiherr von Eichendorff hat das gesagt.

Wenn ich im Urlaub in den Bergen unterwegs bin und einen Gipfel erklommen habe, empfinde ich ein tiefes Gefühl von Dankbarkeit. Und wenn ich in die wunderbare Bergwelt hineinschaue, dann bin ich begeistert und ergriffen von dem, was ich sehe. Und im Schauen spüre ich, dass mich etwas erfasst, was über diese Welt hinausgeht, dass es Geist ist, der mich bewegt, letztlich göttlicher Geist.

Der romantische Dichter Joseph Freiherr von Eichendorff sieht dort, wo ein Begeisterter steht, den Gipfel der Welt. Wer begeistert ist, vermag auch andere zu begeistern. Begeisterung ist das, was Abraham H. Maslow mit Gipfelerlebnis beschreibt. Der Begeisterte steht innerlich auf dem Gipfel, auch wenn er sich gerade im Tal seines Alltags befindet. Er verbreitet um sich eine Atmosphäre von Geist, von Lebendigkeit, von Intensität. Er öffnet mir die Augen für das Geheimnis des Lebens, für seine Schönheit und Einmaligkeit. Dort, wo ein Begeisterter mich zu begeistern vermag, dort ist der Gipfel der Welt. Dort geschieht ein Gipfelerlebnis. Dort bricht Gottes Glanz in meine Seele ein.

Der Glanz des ersten Mal

Die christliche Tradition des »memento mori« (»Denke, dass du sterben musst«) empfiehlt uns die Vorstellung, dass jeder Tag der letzte sein könnte. Wir sollen daher jeden Augenblick bewusst leben und ihn dankbar auskosten. Ein griechisches Sprichwort gibt einen anderen Rat: »Beginne jeden Tag, als wäre es der erste. Beschließe jeden Tag, als wäre es der letzte.« Zu Beginn des Tages sollen wir uns vorstellen, es wäre der erste Tag überhaupt, den wir leben. Natürlich wissen wir, dass es nicht der erste Tag ist. Aber wenn ich den Beginn des Tages bewusst so setze, als ob es der erste Tag meines bewussten und wachen Lebens wäre, dann werde ich achtsam und zugleich neugierig in den Tag hineingehen. Ich werde die Menschen anschauen, als ob ich sie zum ersten Mal sähe. Vorurteile werden wegfallen. Was ich bisher über diesen Menschen gedacht habe, ist nicht wichtig. Alle Schubladen, in die ich Menschen gesteckt habe, haben sich in nichts aufgelöst.

Alles wäre anders: Ich würde an meine Arbeit mit Neugier gehen. Ich würde mich freuen, Dinge so zu tun, als ob ich sie das erste Mal täte. Ich hätte keine Angst, dass ich die Arbeit nicht zustande brächte. Vielmehr würde ich ausprobieren, wie ich sie geschickt und mit Lust vollziehen könnte. Und ich würde die Schöpfung um mich mit neuen Augen ansehen. Ich würde in meinen Garten schauen, als ob er ganz neu wäre. Ich würde manche Schönheit darin entdecken, die ich bisher übersehen habe.

Beim Beschließen des Tages soll ich mir vorstellen, es wäre der letzte Tag. Das heißt für mich: Ich beende diesen Tag, als ob es das Ende meines Lebens wäre. Ich lege alles in Gottes gute Hand, diesen Tag, mich selbst, alle Menschen, die mir lieb sind, und mein ganzes Leben. Solcher Beschluss des Tages ermöglicht mir gleichzeitig einen neuen Anfang. Und er gibt mir das Gespür, dass ich immer wieder alles loslassen sollte, um mich in Gottes gute Hände zu ergeben. Die Nacht erinnert mich an den Schlaf des Todes. Und jeden Morgen erfahre ich die Auferstehung zu neuem Leben, das Gott mir ermöglicht.

Es steckt viel Weisheit in diesem Sprichwort. Es verwandelt mein Beginnen und mein Beschließen, meinen Anfang und mein Ende.

Das Leben tanzen

*Im Einklang mit der
Melodie der Freude*

Mich wunderts...

*I*ch komm, weiß net woher,
Ich fahre, weiß net wohin,
Mich wunderts, dass ich fröhlich bin.«

Es sind eigenartige Verse, die dieses mittelalterliche Gedicht uns überliefert. Obwohl der Dichter nicht weiß, woher er kommt und wohin er geht, ist er doch fröhlich. Und er wundert sich über seine Fröhlichkeit. Er stellt sich die Grundfragen des Menschseins: Woher komme ich und wohin gehe ich? Aber er gibt sein Unwissen zu. Er kennt die letzten Antworten nicht. So begnügt er sich mit seinem Nichtwissen. Und damit erringt er die wahre Weisheit, die nach Sokrates darin besteht: zu wissen, dass ich nichts weiß. In seinem Nichtwissen ist er dennoch fröhlich. Er wundert sich darüber. Er kann seine Fröhlichkeit nicht erklären. Sie hat keinen Grund. Sie ist einfach in ihm. Er freut sich, weil er sich freut. Er findet sich als fröhlich vor. Die Fröhlichkeit ist offensichtlich eine Grundlage seines Daseins. Und damit erkennt er bei allem Nichtwissen etwas Wesentliches über den Menschen: Der Mensch ist Freude. Die Fröhlichkeit ist ihm von Natur aus mitgegeben. Letztlich ist sie ein Gottesgeschenk. Aber auch das will der Dichter nicht beweisen. Er nimmt dankbar an, dass er fröhlich ist. Das genügt ihm.

Leben ist Tanz

Ich bin entschlossen, mich von den Tönen verwandeln zu lassen, die aus der Stille meiner Seele aufsteigen, und mein Herz soll die Melodie finden, zu der ich mein Leben tanze«, sagt Sheldon Kopp, ein amerikanischer Psychotherapeut. Diese Erfahrung hat vermutlich jeder von uns schon gemacht. Eine schöne Musik kann unser Herz verwandeln und es mit Freude erfüllen. Kopp meint aber nicht die Musik, die wir im Konzertsaal hören oder auf CDs gespeichert haben. Wenn er sich der Stille überlässt, hört er aus der Stille seiner Seele Töne aufsteigen. Es sind nicht die einmal im Konzert gehörten Töne, sondern Töne, die aus ihm selber kommen. Das Herz soll zu diesen Tönen, die aus ihm aufsteigen, eine Melodie finden, zu der er sein Leben tanzt. Das Herz hat also die Fähigkeit, aus den einzelnen Tönen, die in uns erklingen, eine Melodie zu formen. Manchmal ertönen in uns schrille Klänge. Das Herz bildet daraus eine Melodie, nach der wir tanzen können.

Melodie der Stille

Wir sind im Einklang mit uns selbst, wenn wir nicht nach der Pfeife anderer Leute tanzen, sondern nach der inneren Melodie, die das eigene Herz in uns formt. Es kommt darauf an, diese innere Melodie zu entdecken. Voraussetzungen sind Stille und das achtsame Hinhören, was da in der Stille in uns auftaucht. Die Stille ist voller Klänge. Am Anfang konfrontiert uns die Stille mit dem inneren Lärm. Doch wenn wir sie aushalten und weiter in sie hineinhorchen, werden wir leise Töne hören, Töne, in denen unser Innerstes erklingt. So wie der Kosmos nach der Lehre der Pythagoreer voller Klang ist, so ist es offensichtlich auch unsere Seele. In unserer Seele erklingt der oft unhörbare Klang des Kosmos, der göttliche Klang einer Welt, die uns oft nicht zugänglich ist. Die Stille ist die Türe, die unser inneres Ohr aufschließt, damit es diesen wunderbaren Klang unserer Seele zu hören vermag.

Anschwellende Freude

Der französische Dichter André Gide schreibt einmal: »Zuzeiten wurde meine Freude so groß, dass ich etwas von ihr mitteilen wollte – irgendeinen lehren, was sie in mir so lebendig machte.« Es gibt eine stille Freude, die man lieber für sich behalten möchte. Sie erfüllt das Herz mit Heiterkeit und innerem Frieden. Man strahlt sie aus, aber man kann nicht über sie sprechen. Sie ist einfach da. Aber es gibt auch Freuden, die einfach zur Mitteilung drängen, die das Herz zum Überlaufen bringen. Es muss nicht eine laute Freude sein über einen Erfolg oder eine Liebe, die einem geschenkt wurde. Es gibt Augenblicke, in denen die Freude in uns so groß wird, dass wir sie nicht mehr für uns behalten können. Die stille Freude kann dann so anschwellen, dass wir sie einem andern mitteilen müssen.

André Gide genügt es nicht, seine Freude nur mitzuteilen. Es drängt ihn dazu, einem anderen zu erklären, warum seine Freude in ihm so stark ist. Er will andere aufklären darüber, was die Freude in ihm so lebendig macht. Das ist ein schönes Motiv für das Schreiben: die eigene Erfahrung, die eigene Lebendigkeit, die eigene Lebenslust anderen mitzuteilen, aber nicht um in den anderen Neid zu erwecken, sondern ihnen zu erklären, wie die Freude einen erfüllen und zum Leben führen kann. Schreiben ist ein Aufklären, damit sich das Dunkle im Menschen erhellt und das Traurige zur Freude wird.

Schöner Götterfunke

In seiner Neunten Symphonie hat Beethoven Schillers »Ode an die Freude« vertont. Es ist ein Menschheitsgesang geworden, der häufig in Augenblicken großer Freude und Dankbarkeit erklingt. Melodie und Text sind eine Einheit und berühren die Menschen immer wieder. Friedrich Schiller nennt die Freude einen schönen Götterfunken und Tochter aus Elysium. Sie ist ein Funke, den die Götter in unser Herz gelegt haben, und sie stammt aus dem Land der Seligen. Schiller besingt sie als sanften Flügel, der die Menschen miteinander verbindet. Sie ist die große Bewegerin. Sie treibt die Räder an, lockt die Blumen aus den Keimen, gibt dem Forscher neue Ideen ein. Und sie fördert in uns die Tugend – als Bedingung, dass unser Menschsein gelingt. Beethovens Musik lässt selbst in den Herzen der Menschen die Freude wachsen: Freude, der große Antrieb zu erfülltem und beglücktem Leben.

Unsäglich mehr

Rainer Maria Rilke stellt die Freude weit über das Glück. »Glück bricht über die Menschen herein, Glück ist Schicksal, Freude bringen sie in sich zum Blühen, Freude ist einfach eine gute Jahreszeit über dem Herzen; Freude ist das Äußerste, was die Menschen in ihrer Macht haben.« Das Glück – so meint Rilke – kann man nicht machen. Man kann es nur dankbar entgegen nehmen. Für die Freude sind wir selbst verantwortlich. Es liegt an uns, wie wir auf unser Schicksal reagieren, wie wir auf die Schönheit der Welt und auf die Menschen reagieren, denen wir täglich begegnen. Ich kann mir die Freude nicht einfach befehlen. Aber wenn ich mich offen auf das einlasse, was ist, und wenn ich es mit einem staunenden und ehrfürchtigen Blick wahrnehme, dann wird in mir die Freude wachsen. Ich kann mich also einüben in die Freude. Ich kann sie wachsen lassen, wenn ich sie durch ein achtsames Umgehen mit den Dingen nähre.

Voll Wonne, voll Wonne

Der indische Dichter und Philosoph Rabindranath Tagore spricht in einem seiner Gedichte von den Festen, die die Freude feiert:

»Wo die Freude ihre Feste feiert, sitz ich zu Tisch.
Voll Wonne, voll Wonne ist das Leben.
Die Stadt der Schönheit durchwandern
meine Augen,
satt sich schauend,
versunken meine Ohren lauschen
der tiefen Melodie.«

Dort, wo die Freude feiert, setzt der Dichter sich gerne zu Tisch. Da muss er sich niederlassen. Die Freude kann man nicht im Vorübergehen mitnehmen. Sie braucht Zeit. Ich muss mich niederlassen, um die Freude zu genießen. Am Tisch der Freude zu sitzen öffnet mir die Augen, dass ich überall die Wonne des Lebens entdecke. Die Freude lässt mich mit meinen Augen die Schönheit erkennen, die mich jederzeit umgibt. Wenn ich die Stadt der Schönheit mit meinen Augen durchwandere, dann werde ich satt. Auch Tagore verwendet also das Bild der Nahrung: Freude nährt die Seele, durch alle Sinne. Das Schauen vermag mehr zu sättigen als das Essen. Wer vom Schauen satt geworden ist, der muss nicht immer von neuem schauen. Er nimmt das Geschaute in sich auf. Es bleibt dauernde Nahrung für ihn. Freude ist dort, wo die Augen die Schönheit der Welt schauen und die Ohren versunken der tiefen Melodie lauschen. Das Hören vermag in mir Glücksgefühle auszulösen. Aber Hören ist immer im Augenblick. Ich höre immer nur den gegenwärtigen Ton. Ich kann mir die Melodie nochmals vorsummen. Aber ich kann sie nicht festhalten. Wenn sie in mir aufklingt, dann erhebt sie das Herz, dann versinke ich im Gefühl der Freude. Hören führt über mich hinaus. Hören ist immer Ekstase: aus sich herausgehen, um das Wunder der Musik in mich aufzunehmen und mich von der Musik über mich hinaus führen zu lassen in das Geheimnis des Unhörbaren, in das Geheimnis Gottes.

Vom Leben verzückt

Rabindranath Tagore *schreibt* nicht nur vom Glück und von der Lust. Er hat sie offensichtlich *erfahren*. Seine Worte sind auch nicht nur Ausdruck seiner eigenen Erfahrung, sie laden uns auch ein, den Erfahrungen zu trauen, die wir selber auch schon einmal gemacht haben, für die wir aber keine Worte fanden. Wenn wir für ein Erlebnis keine Worte finden, dann entschwindet es uns wieder. Worte lassen das Erlebte wirklicher werden.

Tagore drückt etwas aus, was uns alle betrifft: Wir schlafen oft und merken gar nicht, was um uns herum ist. Wir nehmen die Schönheit nicht wahr. Wir nehmen das Glück nicht wahr, das zum Greifen nahe ist. Wir suchen es anderswo, in unseren Träumen, in Illusionen, die wir uns machen. Die Voraussetzung, Lust zu erfahren, ist das Aufwachen. Nur wer die Augen aufmacht, kann überhaupt wahrnehmen, was ist. Wer erwacht, ist wie Tagore, der erlebt, dass er bisher wie in einem Kerker lebte. Tagore bittet in einem seiner schönsten Gedichte, das auch ein Gebet ist, Gott darum, den Kerker aufzubrechen, damit er die Vögel singen hört und den Strahl der Sonne am Leib zu spüren vermag:

»So groß ist mein Glück, so tief die Lust,
verzückt vom Leben bin ich.
Mein Leben ist heute erwacht,
ich weiß nicht warum;
Von fern hör ich des Meeres Lieder raunen.
Ach, dumpf und schrecklich
Ist mein Körper rundherum.
Brich den Kerker, brich ihn Schlag um Schlag.
Wie herrlich singen heut die Vögel.
Ein Strahl der Sonne rührt mich an.«

Freude tut dem Körper gut

Ein fröhlich Herz tut auch dem Körper gut, den Leib dörrt aus ein kummervoll Gemüt.« (Sprüche 17,22) In jedem Sprichwort drückt sich in kurzer und prägnanter Weise eine Lebensweisheit aus. Die meisten Sprichwörter im biblischen Buch der Sprüche – und so auch dieses – handeln vom Menschen. Sie zeigen, wie menschliches Leben gelingt. Auch die Gottesbeziehung drückt sich in Haltungen aus, die der Psyche des Menschen entsprechen. Der religiöse Weg ist für die Bibel immer auch ein therapeutischer Weg, ein Weg zu gelingendem Leben, ein Weg in die Freude und in die Liebe.

Die Gefühle wirken sich auf den Leib aus. Die Freude tut dem Körper gut. Und wer dem Kummer in seinem Herzen zuviel Raum gibt, der schadet seinem Leib. Ein bedrücktes Gemüt zehrt den Körper aus. Es »lässt die Glieder verdorren«, wie es in der Einheitsübersetzung heißt. Wir sehen es einem Menschen an, ob sein Herz fröhlich ist oder gedrückt und sorgenvoll. Aber es geht nicht nur um die Ausstrahlung nach außen, sondern auch um die Wirkung nach innen. Wer sich von Gram verzehren lässt, der hat keinen Appetit. Er kann sich nicht mehr satt essen. Man kann sich den Ärger mit Essen zustopfen. Doch es gibt auch viele Menschen, die vor lauter Kummer abmagern. Ihr Leib drückt den Kummer aus. Solche Menschen strahlen etwas aus, das andere von ihnen abhält. Der fröhliche Mensch hat immer andere um sich, der bedrückte bleibt allein.

Tanzen, um zu tanzen

Es gibt zielgerichtete Bewegungen, die die direkte und schnelle Verbindung zwischen zwei Punkten suchen. Es gibt Abweichungen vom schnellen Weg zum Ziel – Umwege, die sich aber ebenfalls von ihrem Ziel her bestimmen. Und es gibt Bewegungen, die mit solchen Wertungen oder Kategorien einfach nicht zu beschreiben sind. Der Tanz zum Beispiel. »Schließlich tanzen wir ja nicht, um irgendwo hinzukommen.« Das hat der österreichische Benediktiner David Steindl-Rast einmal gesagt. Im Tanzen genießen wir unsere gemeinsame Bewegung. Wir haben nicht den Ehrgeiz, die Tanzschritte perfekt zu machen. Wir vergessen die Leute, die um uns herum sind. Allerdings ist es durchaus eine Kunst, zu tanzen und sich auf den Rhythmus der Tanzpartnerin oder des Partners einzulassen. Aber das geht nicht durch Kontrolle, sondern nur durch ein Sich-Loslassen und Sich-Einlassen.

Ich kenne Ehepaare, die leidenschaftlich gerne tanzen. Da können sie sich vergessen. Die beruflichen und familiären Probleme fallen von ihnen ab. Sie gehen im Tanzen auf. Aber sie tanzen nicht, um ein Ziel zu erreichen, weder die Lösung ihrer Probleme, noch tänzerische Perfektion. Und sie zählen nicht die Schritte, die sie machen, damit ihr Bewegungspensum für heute erfüllt ist. Sie tanzen, um zu tanzen. Sie empfinden Lust, wenn sie sich miteinander zur Musik den Bewegungen überlassen. Die Lust führt sie auf neue Weise zusammen und hebt ihre Stimmung. Sie wissen, dass es ihnen gut tut. Aber sie beobachten sich nicht, ab wann sich ihre innere Stimmung hebt. Nach einem solchen Tanzabend gehen sie zufrieden und innerlich glücklich nach Hause. Und auf einmal gelingt auch das Gespräch miteinander, das vorher nur zögernd in Gang kam.

Ganz in der Gegenwart

reude ist ungeteiltes Sein im Augenblick. Wir freuen uns immer hier und jetzt. Selbst wenn wir Vorfreude haben, empfinden wir sie jetzt, und wir erinnern uns jetzt an vergangene Freuden.« Margrit Irgang, von der diese Beschreibung stammt, ist Zenlehrerin und Schriftstellerin. Sie hat ein »Buch der Freude« herausgegeben. Das sind Texte, die dieser positiven Emotion nachspüren. Damit hat sie auf ein Thema aufmerksam gemacht, das bei vielen Dichtern auch in unserer Zeit eine große Rolle spielt.

Die Freude kann uns ganz in den Augenblick versetzen. Wenn ich mich freue, bin ich ganz präsent. Das Denken kreist immer um die Vergangenheit oder Zukunft. Die Freude spüre ich in der Gegenwart, und sie macht mich selber gegenwärtig. In der Freude komme ich mit mir selbst in Berührung. Im Denken bin ich immer von mir selbst entfernt. Die Freude bringt mich in die Nähe zu mir selbst und in die Nähe zum gegenwärtigen Augenblick. Die Freude ist eine Schwester der Lust. Auch die Lust empfinde ich im Jetzt. Über vergangene oder zukünftige Dinge kann ich keine Lust spüren, höchstens wenn das Vergangene oder Künftige jetzt in meiner Vorstellung gegenwärtig wird. Die Freude schafft Gegenwart. Und umgekehrt bewirkt die Fähigkeit, ganz im Augenblick zu sein, Freude. Freude ist Ausdruck des reinen Seins, der klaren Gegenwart.

Vom Singen der Welt

Wenn ich das Gefühl einfangen könnte, würde ich es tun: Das Gefühl vom Singen der wirklichen Welt.« An einem Oktobertag 1929 notierte Virginia Woolf dies in ihrem Tagebuch. Es war offensichtlich eine Erfahrung, die sie tief bewegt hat: Die Welt sang nicht nur. Sie *war* Singen. Sie war ganz Klang.

Es bedarf einer großen Stille, um das Singen der Welt zu vernehmen. Es ist nicht nur der Wind, der bläst und die Felder und Wälder zum Rauschen bringt. Es ist nicht nur das, was ich mit meinen Ohren zu hören vermag. Auch die schweigende Natur scheint ein Lied zu sein. Sie singt von der Schönheit der Welt.

Aber Virginia Woolf erkennt zugleich, dass sie das Gefühl vom Singen der Welt nicht einfangen und nicht festhalten kann. Es sind kostbare Augenblicke, in denen wir etwas vom Lied erahnen, das die Welt ist.

Das Lied in allen Dingen

Der romantische Dichter Eichendorff hat die Erfahrung gemacht:
»Und die Welt hebt an zu singen,
triffst du nur das Zauberwort...«

Für Eichendorff ist es ein Wort, das die Welt zum Klingen bringt, nicht nur ein inneres Ahnen. Die griechische Philosoph Pythagoras und seine Schule sprachen vom Sphärenklang der Welt. Auch für sie war die Welt ein Lied voller Harmonie. Der Mensch, der sich schweigend dem Geheimnis der Welt nähert, vermag in Augenblicken besonderer Gnade dieses Lied der Welt zu vernehmen. Wenn er es vernimmt, dann erfüllt es ihn mit einer nie erlebten Freude, mit einem inneren Frieden, mit einer Lust, die ihm auch das Verstummen der Welt nicht mehr zu rauben vermag.

Improvisationen der Freude

Yehudi Menuhin, der große Geiger, hat mit seinem Spiel unzählige Menschen erfreut und die Musik als eine wichtige Quelle der Freude vielen Menschen nahe gebracht. Woher rührt diese Freude? Ich kann es selbst nicht genau erklären. Für mich ist es der Wohlklang der Bachschen Musik, die innere Zustimmung zum Leben selbst, die in der temperamentvollen Musik eines Mozart aufklingt. Yehudi Menuhin sagt: Es ist das Unvorhersagbare, das Überraschende, das Improvisierte: »Die Freude liegt natürlich im Improvisierten und Unvorhersagbaren. Ohne dies würde uns nichts interessieren – weder im Leben noch in der Musik.« Das stimmt: Ich selber höre mich nie satt an einer Musik, weil sie immer anders klingt, weil sie letztlich immer unvorhersagbar ist, auch wenn die Noten schon seit Jahrhunderten feststehen.

Freude ist überraschend: Wer sein Leben genau plant, so dass alles so abläuft, wie er sich das täglich vornimmt, der mag darin eine gewisse Befriedigung finden. Doch die Freude entsteht eigentlich gerade dann, wenn etwas Unvorhersagbares eintrifft, wenn mich ein Freund nach langer Pause wieder anruft, wenn die Sonne auf einmal durch den Nebel dringt, wenn sich ein Problem von selbst löst, wenn eine gute Nachricht eintrifft. Freude und Überraschung sind Geschwister. Dort, wo ich kreativ reagiere auf das, was mich ungeplant durchkreuzt, dann habe ich das Gefühl: Es ist gut so. Ich lasse alles liegen und stehen und gehe mit dem Freund spazieren, der gerade vorbeikommt. Manche tun sich schwer, ihre Planungen durchkreuzen zu lassen. Wenn ich von Terminen belegt bin, dann fällt es mir auch schwer, mich über einen nicht angekündigten Besuch zu freuen. Denn ich kann mir dann kaum Zeit nehmen. Doch wenn ich mehr Kraft darauf verwende, dem Besuch zu erklären, dass ich keine Zeit habe; wenn ich mich nicht auf den kurzen Augenblick der Begegnung, und sei er noch so kurz, einlassen kann, dann nehme ich mir selbst die Freude. Für mich ist Zeitdisziplin sehr wichtig. Da tue ich mich manchmal schwer mit Unvorhersehbarem. Aber ich weiß auch, dass die Disziplin allein nicht die Freude machen kann. Ich nehme mir die Zeit zum Schreiben. Und es braucht Disziplin, sitzen zu bleiben, auch wenn es nicht sofort fließt. Aber Freude kommt mitten in dieser zum Schreiben reservierten Zeit nur dann auf, wenn es auf einmal strömt, wenn Worte mir von der Hand kommen, die ich nicht geplant habe, die unvorhersehbar und unvorhersagbar sind.

Überraschend

Für manche ist die Freude weit weg von ihrer Wahrnehmung. Sie sehnen sich nach Freude. Aber sie wissen nicht, wie sie sie finden könnten. Ich höre in Gesprächen öfter, wie sich Menschen darüber beklagen, dass sie so wenig Freude im Leben erfahren können. Aber je krampfhafter einer nach der Freude sucht, desto weniger findet er sie. Manchmal überrascht uns die Freude, sie greift nach uns, ohne dass wir etwas dazu tun können. Es kommt nur darauf an, dass wir nach uns greifen lassen, dass wir offen sind für die göttliche Überraschung. William Wordsworth drückt diese Erfahrung aus mit den Worten: »Surprised by joy. Überrascht von der Freude.« Die Vorstellung, die hinter seinem Wort steckt, ist die der Freude als einer Person, die nach mir greift. Freude ist wie eine Person, die mir begegnet. Sie geht durch die Stadt, um mich zu suchen. Was ich tun kann, ist nur: offen zu sein für sie, die mich überraschen möchte. Aber wenn ich unfähig bin, mich überraschen zu lassen, wenn ich gar nicht damit rechne, dass die Freude nach mir verlangt, dann kann sie noch so sehr nach mir greifen. Sie wird an meinem glatten Mantel abrutschen, den ich wie einen Panzer der Hartnäckigkeit umgelegt habe, einen Panzer, der sich durch nichts Neues und Unvorhergesehenes, auch wenn es noch so fröhlich und glücklich auf mich zukommt, überraschen lässt.

Vollkommene Freude

Der indische Philosoph Sri Aurobindo hat einmal gesagt: »Lerne die wahre Freude, und du wirst Gott kennen lernen.«

Mich erinnert das an ein Wort Jesu im Johannesevangelium: »Dies habe ich euch gesagt, damit meine Freude in euch ist und damit eure Freude vollkommen wird« (Joh 15,11). Jesu Grundgefühl ist die Freude, die Freude am Sein, die Freude an Gott. Er ist eins mit dem Vater. Freude ist die emotionale Reaktion auf die Erfahrung des Einsseins mit dem Vater. Wenn Jesus spricht, dann spüren die Jünger diese Freude. Sie nehmen die Freude nicht nur am Inhalt seiner Worte wahr, sondern vor allem an seiner Stimme.

In der Stimme hören wir das Gestimmtsein eines Menschen, da bekommen wir Anteil an seiner Stimmung. Es gibt Menschen, bei denen man traurig wird, wenn man ihnen zuhört. Andere verbreiten mit ihrer Stimme Aggressivität oder Unzufriedenheit, Enttäuschung oder Bitterkeit. Jesu Stimme strömt Freude aus. Im Sprechen gibt er uns Anteil an seiner Freude. Und er wünscht uns, dass unsere Freude vollkommen wird. Im Griechischen steht: »dass sie voll werde, erfüllt werde, dass sie in ihre Fülle komme.« Jesus geht davon aus, dass auf dem Grund unseres Herzens schon die Freude wohnt. Durch seine Worte kommen wir mit der Freude in Berührung, die schon in uns ist. Und seine Worte möchten unsere Freude zu ihrer Fülle führen. Seine Worte möchten das, was in unserer Freude anklingt, zur Vollendung bringen. Unsere Freude soll teilhaben an der Fülle Gottes, am Wesen Gottes. Wer die Freude bis auf ihren Grund auskostet, der berührt Ihn.

Auf dem Grund meines Herzens

Freude an der Sache‹, so sagt man; aber in Wirklichkeit ist es Freude an sich vermittelst einer Sache.« – Für Friedrich Nietzsche meint die Redewendung »Freude an der Sache« nie nur, dass ich mich an der Arbeit freue oder am Geschenk oder an etwas Äußerem, etwa am schönen Wetter. Die Freude ist letztlich immer eine Qualität der eigenen Seele. Und eine Sache bringt mich nur in Berührung mit der Freude, die in mir ist. Letztlich ist es also immer Freude an sich selbst. Die Freude an mir selbst gehört mir. Sie kann mir daher auch niemand rauben. Sie ist nicht abhängig von der Zuwendung der Menschen, etwa von den Geschenken, die ich bekomme. Die Dinge können die Freude, die in mir ist, hervorlocken. Sie können mich in Berührung bringen mit der Freude auf dem Grund meines Herzens. Freude ist ein inneres Gestimmtsein.

Das ist die eine Seite der Aussage Nietzsches.

Die andere Seite besteht darin, dass es auch meine Entscheidung ist, mich an mir zu freuen. Es ist meine Sache, ob ich über mich wütend bin, mich innerlich ablehne, oder ob ich mich über mich freue. Die Freude über mich heißt nicht, dass ich alles gutheiße, was ich tue. Es gibt auch die berechtigte Trauer über mein Zurückbleiben hinter dem, was Menschsein eigentlich heißt. Aber die Freude über mich ist ein dankbares Anerkennen, dass Gott mich geschaffen hat und dass er mich gut gemacht hat. Es ist die Freude am Dasein, das Er mir geschenkt hat. Und dafür muss ich mich auch entscheiden. Sonst können tausend Geschenke die Freude in mir nicht hervorlocken. Und ich kann noch so viele Dinge wahrnehmen. Sie werden immer nur meine Unzufriedenheit oder Bitterkeit bestätigen, mich aber nie mit der Freude in Berührung bringen, die auf dem Grund meines Herzens bereitliegt.

Ein Geschenk, das bleibt

*I*ch habe mich so gefreut! Sagst du vorwurfsvoll, wenn dir eine Hoffnung zerstört wurde. Du hast dich gefreut – ist das nichts?« (Marie von Ebner-Eschenbach)

Manche sind enttäuscht, wenn ihre Vorfreude sich nicht erfüllt. Da hat jemand voll Freude darauf gewartet, dass ein Freund zu Besuch kommt. Dann klingelt das Telefon und er sagt ab, weil ihm etwas dazwischen gekommen ist. Der Vorwurf »Ich habe mich doch so gefreut«, zerstört oft alles: Freude schlägt um in Trauer, Selbstmitleid, manchmal auch in Wut. Man ist untröstlich, dass man sich umsonst gefreut hat. Marie von Ebner-Eschenbach fragt: »Du hast dich gefreut – ist das nichts?« Wenn ich mich gefreut habe, dann war ich in Berührung mit der Freude, die in mir ist. Dann hat die Freude mich schon verändert. Sie ist schon ein Geschenk. Es liegt an mir, ob ich diese erfahrene Freude in mir weiterhin spüre und dafür dankbar sein kann.

Freude geht auf leisen Sohlen

Hilde Domin arbeitet in ihren Gedichten mit eigenartigen Bildern und lässt uns gerade so die Wirklichkeit neu sehen. So auch in ihrem Gedicht über die Freude:

»Die Freude
Dieses bescheidenste Tier
Dies sanfte Einhorn
So leise
Man hört es nicht
Wenn es kommt, wenn es geht
Mein Haustier
Freude
Wenn es Durst hat
Leckt es die Tränen
Von den Träumen.«

Domin nennt die Freude ein bescheidenes Tier, ein sanftes Einhorn. Das Einhorn ist in der christlichen Symbolik Bild der Stärke und Reinheit. Es kann nur durch eine reine Jungfrau gefangen und gezähmt werden. Wenn es gejagt wird, flüchtet es sich in deren Schoß. Maria wird daher oft mit dem Einhorn dargestellt. Die Freude darf nicht vermischt werden mit Nebenabsichten. Wenn wir sie jagen und gefangen nehmen wollen, dann flieht sie in den »reinen Schoß der Jungfrau«. Dann verbirgt sie sich auf dem Grund unserer Seele, dort wo unsere eigenen Erwartungen und unser Besitzstreben keinen Zutritt haben.

Das zweite Bild für die Freude, das Hilde Domin verwendet, ist das leise Haustier, das man gar nicht hört, wenn es kommt oder geht. Die Freude geht auf leisen Sohlen. Man merkt sie kaum, wenn sie in unser Herz eintritt. Aber sie haust dort, wenn wir sie nicht gewaltsam vertreiben. Wenn die Freude Durst hat, leckt sie die Tränen von unseren Träumen. Sie wischt uns die Tränen vom Gesicht, damit sie unsere Träume nicht mehr verstellen. Die Freude bringt uns in Berührung mit den Träumen. Sie lässt die Träume wahr werden.

Alles ist zum Glück geboren

Eine allgegenwärtige Freude umflutet die Erde, sie entströmt ihr, auf den Anruf der Sinne… Alles strebt zum Sein, und jedes Geschöpf freut sich. Freude ist es, was du Frucht nennst, wenn sie im Saft steht, und wenn sie Gesang ist, Vogel. Dass der Mensch zum Glück geboren ist, lehrt uns die ganze Natur.« Der französische Dichter André Gide ist von der universalen Kraft der Freude überzeugt. Sobald wir selber die Erde mit unseren Sinnen wahrnehmen, strömt uns aus ihr die Freude entgegen. Freude ist Kennzeichen jedes Geschöpfes. Sie gehört zum Wesen des Geschöpfes. Die Frucht, die in Blüte steht, ist Freude. Und der Gesang des Vogels ist Freude. Die Freude der Schöpfung drückt sich aus in den Geschöpfen selbst. Freude erfüllt uns mit Lebendigkeit, so wie eine Frucht uns mit Leben beschenkt. Und Freude atmet die Leichtigkeit des Vogels. Wie die Musik schwingt sie sich über die Erdenschwere hinweg und erhebt sich wie der Vogel in die Lüfte.

Für André Gide ist der Mensch zum Glück geboren. Wenn wir die Natur mit wachen Sinnen wahrnehmen, erkennen wir unser Wesen, das von innen her diesem Glück entgegenstrebt. Die Freude ist wie eine Essenz, die die ganze Erde durchdringt.

Kindheitslust

Sage das nur, ob dein Herz/ Noch der Kindheit Lust empfinde.« (Ludwig Uhland)

Kinder vermögen noch Lust zu empfinden. Sie geben sich lustvoll dem Spielen hin. Wenn sie etwas geschenkt bekommen, können sie sich von Herzen freuen und ihrer Freude hüpfend mit ihrem ganzen Körper Ausdruck verleihen. Viele Erwachsene haben den Eindruck, dass sie sich nicht mehr zu freuen vermögen. Zu oft sind sie enttäuscht worden. Eine Form der Therapie bestünde darin, sich an die Lust der Kindheit zu erinnern. Ich kann die Lust zwar nicht wieder in mir hervorrufen. Doch allein die Erinnerung schon kann mich mit ihr in Berührung bringen. Und wenn ich sie in meinem Herzen wieder entdeckt habe, dann werde ich auch fähig, mich wieder über die kleinen Dinge des Alltags zu freuen. Dann bekomme ich wieder Lust, einfach zu spielen, etwas zu tun, was keinen Nutzen bringen muss, womit ich keine Erwartung von außen zu erfüllen habe. Wenn ich in mein Herz hineinspüre und die Lust der Kindheit nicht mehr darin entdecken kann, dann ist es an der Zeit, mich mit den Widerständen zu befassen, die mich daran hindern, mit meiner eigenen Seele in Berührung zu kommen. Vielleicht sind es traumatische Verletzungen, vielleicht Enttäuschungen. Ich muss all diese Widerstände anschauen, um durch die Wunden und Verhärtungen hindurch in den Grund meiner Seele zu gelangen, in dem die Freude bereitliegt und darauf wartet, wieder entdeckt und belebt zu werden.

Freudenbiographie

Die Schweizer Tiefenpsychologin Verena Kast hat ein Buch über die Freude geschrieben. Vor ihr hat sich kaum ein Psychologe einmal an dieses Thema gewagt. In psychologischen Nachschlagewerken findet man kaum einmal das Stichwort Freude. Offensichtlich hat die Psychologie sich einseitig den Verletzungen und deren Aufarbeitung zugewandt. Doch heute wissen wir, wie heilsam die Freude für den Menschen ist, welche therapeutische Kraft sie hat.

Verena Kast beschreibt die Wirkung der Freude als Erfahrung von Einssein und Ganzsein, von Freiheit und Vitalität: »Das Gefühl des Einsseins mit sich selbst und das Gefühl des Ganzseins, das so sehr von uns Menschen gesucht wird, ist im Moment der Freude vorhanden. Das gibt uns auch ein Gefühl von Vitalität, vielleicht sogar von Freiheit. Alle Bewegungen, die mit der Freude verbunden sind, sogar mit einer stillen Freude, sind Bewegungen in die Höhe, Bewegungen der Leichtigkeit.«

Es hilft nicht, einander zur Freude aufzurufen. Ich kann mich nicht »auf Befehl« freuen. Aber ich habe es in der Hand, mit der Freude in Berührung zu kommen, die immer schon auf dem Grund meines Herzens in mir bereit liegt. Jeder kennt in seiner Kindheit Erfahrungen spontaner Freude. Verena Kast regt an, eine Freudenbiographie zu schreiben, all die Erfahrungen von Freude festzuhalten, die einem einfallen, und die Bilder aus der Kindheit daraufhin anzuschauen, inwieweit sie Freude widerspiegeln. Das Wahrnehmen der Freude, die ich als Kind hatte, kann mich in Berührung bringen mit der Freude, die unter den gegenwärtigen Sorgen verloren ging. Sie wartet auf dem Grund meiner Seele nur darauf, wieder hervorgelockt zu werden.

Der Himmel ist in dir

*Die Kunst,
glücklich zu sein*

Unmöglich anderswo

Es ist nicht einfach, das Glück in uns selbst zu finden. Und es ist unmöglich, es anderswo zu finden.« Das eigene Herz, sagt Agnes Repplier, ist der einzige Ort, an dem wir das Glück zu finden vermögen. Wir können noch so weit fahren, um das Glück zu suchen. In der Fremde werden wir es nicht finden. Wir werden es nicht bei anderen Menschen finden, nicht im Beruf, nicht im Erfolg, nicht im Reichtum. Es ist nur in uns. Doch obwohl es dort verborgen ist, lässt es sich nicht so leicht finden. Es braucht ein feines Gespür, um es wahrzunehmen. Wir brauchen die Stille, um in Berührung zu kommen mit dem Glück, das auf dem Grund unseres Herzens in uns ruht. Wenn wir immer nur in Bewegung sind, werden wir es in uns nicht spüren. Es ist wie ein See. Nur wenn er ganz ruhig ist, spiegelt sich in ihm die Schönheit der Welt. Nur wenn wir stille stehen, spiegelt sich in uns die Herrlichkeit, die uns umgibt. Dann spüren wir die Freude, die in uns liegt.

Der Königsweg

Manche haben so hohe Erwartungen an das Glück, dass sie es nie erreichen. Theodor Fontane zeigt einen anderen Weg zum Glück: »Wenn einem die 720 Minuten eines 12stündigen Tages ohne besonderen Ärger vergehen, so lässt sich von einem glücklichen Tag sprechen.« Es ist schon viel, wenn der Tag ohne Ärger vorübergeht. Wir haben es nicht in der Hand, was uns in den 720 Minuten des Tages begegnet, ob uns ein Nachbar beschimpft, ob in der Arbeit etwas schief läuft, ob uns das Wetter einen Strich durch die Rechnung macht oder sonst ein Missgeschick widerfährt. Wir sollten dankbar sein, wenn der Tag keinen Anlass zum Ärger bietet. Aber wir sind dem Tag und seinen Widerfahrnissen nicht einfach ausgeliefert. Es liegt auch an uns, wie wir auf das Geschehen des Tages reagieren. Wir können uns ärgern über die Schimpfworte des Nachbarn. Oder wir können sie bei ihm selber lassen, weil er mit seinem Schimpfen nur seine unzufriedene Seele offenbart. Ob wir uns von seiner kranken Seele anstecken lassen oder aber uns abgrenzen und schützen, das ist in unserer Hand. Insofern sind wir für den Tag ohne Ärger selber verantwortlich. Es ist ein glücklicher Tag, wenn es uns gelingt, auf das, was uns von außen widerfährt, nicht ärgerlich oder depressiv zu reagieren, sondern mit innerer Heiterkeit. Die stoische Philosophie spricht von »aequo animo«, vom inneren Gleichmut. Der Heilige Benedikt fordert diese Tugend gerade vom Cellerar, der ja als Verwalter ständig mit den Konflikten im Kloster zu tun hat. Gerade er soll sich nicht von den Reibereien der Mitbrüder und Mitarbeiter infizieren lassen, sondern mit Gleichmut und innerem Frieden reagieren. Dann wird er auch die ärgerliche Atmosphäre um sich herum läutern und Frieden verbreiten. Eine erprobte alte Regel. Wir alle könnten von ihr lernen. Heute ist der richtige Tag, um sie anzuwenden.

Ein Geschenk

Wenn man alles Glück der Welt besitzt, es aber nicht als Geschenk betrachtet, dann wird es einem keine Freude schenken. Doch selbst ein Missgeschick wird denen Freude schenken, denen es gelingt, dafür dankbar zu sein.« Der österreichische Benediktiner David Steindl-Rast, von dem diese Einsicht stammt, weiß aus eigener Erfahrung, was Glück ist. Und er begegnet vielen Menschen, die ihn um sein Glück beneiden. Er kann es nicht jedem mitteilen. Denn viele wollen das Glück besitzen, als ob sie ein Anrecht darauf hätten. Aber sie vergessen, dass man Glück immer nur als Geschenk entgegen nehmen kann. Nur wenn ich es mir schenken lasse, wird es mich mit Freude erfüllen. Sonst kann ich noch so viele wertvolle Menschen kennen – und werde mich über ihre Nähe nicht freuen können. Ich kann noch soviel Güter besitzen. Sie werden mich nicht glücklich machen.

David Steindl-Rast sieht in der Dankbarkeit den Schlüssel zur wahren Freude. Wer selbst dankbar sein kann, wenn ihm etwas gegen den Strich geht, den vermag auch das Missgeschick nicht aus seiner inneren Freude zu vertreiben. Die Dankbarkeit wird ihn lehren, dass selbst das, was seine Pläne durchkreuzt, manchmal neue Türen aufschließen kann, die weite Räume und ungeahnt herrliche Wege eröffnen. Die Dankbarkeit schützt mich davor, alles, was mich einmal erfreut hat, fest zu halten. Die Dankbarkeit klammert sich an nichts. Sie ist eine Grundhaltung, die durch alles, was geschieht, genährt werden kann. Es ist immer der Augenblick, in dem ich dankbar bin, dankbar für das, was mir gerade jetzt widerfährt, was mich in Bewegung bringt, was mich herausfordert, was mich beglückt.

Schlüssel zur Glückseligkeit

Lerne loszulassen! Das ist der Schlüssel zur Glückseligkeit«, lehrt eine Weisheit, die Jahrtausende alt ist und auf Buddha selber verweist. Für ihn ist das Anhaften an die Welt die Ursache allen Leides. Daher rät er seinen Schülern, sich innerlich von der Welt zu distanzieren. Nur so könnten sie den Weg zum inneren Frieden finden. Jesus weist uns in die gleiche Kunst ein, wenn er sagt: »Wer an seinem Leben hängt, verliert es; wer aber sein Leben in dieser Welt gering achtet, wird es bewahren bis ins ewige Leben.« (Joh 12,25). Wer sich festklammert an seinem Besitz, an seiner Gesundheit, an seinem Ruf, an allem, was er glaubt zum Leben unbedingt nötig zu haben, der verliert Leben. Wer zu sehr nach den Dingen greift, den haben sie im Griff. Wer loslässt, befreit sich vom einengenden Zugriff der Welt. Er kann das, was sie anbietet, genießen. Weil er es nicht braucht, ist er frei, in der Welt das Schöne wahrzunehmen und zu schmecken.

Die besondere Kunst

Die Welt ist voll von kleinen Freuden – die Kunst besteht nur darin, sie zu sehen.« Dieses chinesische Sprichwort verweist uns auf etwas, wovon die Welt voll ist. Es ist die Freude, dass die Sonne aufgeht und über die Felder scheint. Es ist die Freude, dass die Familie sich gesund beim Frühstück trifft, dass einer den andern stützt und zu ihm hält. Es ist die Freude, dass uns die Arbeitskollegin freundlich grüßt,
dass ein anderer bei der Arbeit für uns einspringt, dass wir abends müde, aber mit einem guten Gefühl nach Hause kommen und uns auf den Feierabend freuen.

Richtig zu sehen, ist die Kunst, hinter die Dinge zu sehen oder in den Dingen die Freude zu schauen. Die Kunst, glücklich zu sein, kann man lernen und einüben. Und man kann sofort damit anfangen.

Was am meisten zählt

Es sind nicht die großen Freuden, die am meisten zählen; es ist die Fähigkeit, aus kleinen Freuden große zu machen« (Jean Webster).

Die großen Freuden sind selten. Es gibt Augenblicke, in denen alles zu gelingen scheint, in denen die Wünsche mehr als erfüllt werden. Das sind Augenblicke großer Freude, die wir nur dankbar entgegennehmen können. Doch die Kunst des Lebens besteht nach Webster in der Fähigkeit, »aus kleinen Freuden große zu machen«. Kleine Freuden gibt es täglich: die Freude über den frischen Morgen, über die Sonne, die aufgeht, über den blauen Himmel, die Freude an meiner Gesundheit, die Vorfreude auf die Begegnungen, die mich heute erwarten. Und es gibt die Freuden zwischendurch, die Freude über ein Lächeln der Verkäuferin, über die Freundlichkeit des Gegenübers am Telefon. Wer diese täglichen kleinen Freuden dankbar wahrnimmt, für den werden sie zur großen Freude.

»Die Sonne geht an keinem Dorf vorüber!«

Wir meinen oft, das Leben würde uns stiefmütterlich behandeln, wir kämen zu kurz. Viele haben den Eindruck: Während den anderen das Glück in den Schoß fällt, gehen sie selber immer leer aus. Ein afrikanisches Sprichwort drückt eine andere Erfahrung aus: »Die Sonne geht an keinem Dorf vorüber.« Die Sonne geht vielleicht im einen Dorf früher auf. Aber auch die andern Dörfer vergisst sie nicht. Was für die Sonne gilt, gilt auch für Gott, und es gilt für das Glück. Gott geht an keinem Dorf vorüber. Und auch nicht an mir und meiner Seele. Er beleuchtet sie genauso wie die andern. Wenn meine Sinne aufmerksam sind, werden sie die Sonne wahrnehmen, die mein Herz erleuchten möchte. Das afrikanische Sprichwort sagt auch uns eine Wahrheit: Keiner kommt zu kurz. Die Sonne geht jeden Tag neu auf, und sie strahlt in die hintersten Winkel der Häuser – und der Herzen hinein.

Lass es dir gut gehen

In meiner Jugend wurde ich zu Bedürfnislosigkeit erzogen. Das sehe ich auch im Abstand keineswegs nur negativ. Im Gegenteil: Ich bin heute durchaus dafür dankbar, dass ich nicht jedes Bedürfnis gleich stillen muss. Ich habe genügend Menschen kennen gelernt, die sich jedes aufkommende Bedürfnis gleich erfüllen müssen. Sie haben kein starkes Ich, das dem Bedürfnis auch einmal Widerstand leisten kann. Sie sind nicht frei, sondern Sklaven ihrer Bedürfnisse. Doch in meiner Erziehung habe ich zu wenig gelernt, zu meinen Bedürfnissen zu stehen und sie vor mir selbst einzugestehen. Es war für mich ein langer Lernprozess, mir auch etwas zu gönnen und die eigenen Bedürfnisse ernst zu nehmen. Wenn ich sie ernst nehme, heißt das noch nicht, dass ich sie immer erfüllen muss. Ich gestehe sie mir ein. Ich lasse sie zu. Und dann kann ich sehen, ob sie mich zum Leben führen oder aber am Leben hindern. Es ist meine Aufgabe zu entscheiden, welches Bedürfnis ich mir erfülle und welches ich lieber loslasse. Wichtig ist, dass ich mich und meine Bedürfnisse ernst nehme. Sonst beschneide ich mich innerlich.

Jenniffer Louden sagt: »Die Fähigkeit, es sich selbst gut gehen zu lassen, ist der Mut, die eigenen Bedürfnisse ernst zu nehmen.« Sie hat Recht, denn es gehört Mut dazu, die eigenen Bedürfnisse einzugestehen. Benedikt nennt diesen Mut »Demut«.

Wenn die Mönche die Demut aufbringen, ihre Bedürfnisse zuzugeben, dann ermöglicht das ein menschliches Miteinander. Benedikt schreibt in seiner Regel: »Wer wenig braucht, danke Gott und sei nicht traurig; wer aber mehr braucht, demütige sich wegen seiner Schwäche und überhebe sich nicht wegen einer Vergünstigung. So werden alle Glieder im Frieden sein.« Wer wenig Bedürfnisse hat, soll dafür dankbar sein. Wer mehr hat, soll sie sich eingestehen. Aber er soll sie nicht als Forderung hinstellen. Dann würde er sich hinter seinen Bedürfnissen verstecken. Vielmehr soll er zugeben, dass er einfach mehr braucht. Das ist die Voraussetzung für den Frieden in einer Gemeinschaft.

Drei Dinge

Gute Freunde, gute Bücher und ein ruhiges Gewissen. Das ist das ideale Leben.« Diese drei – für den amerikanischen Schriftsteller Mark Twain sind sie genug für ein gelingendes Leben: Gute Freunde geben uns die Gewissheit, dass wir nie allein sind, dass wir uns auf sie verlassen können, wenn wir sie brauchen. Mit ihnen können wir viel Schönes erleben, sie sind eine Quelle der Freude. Gute Bücher sind für Stunden der Einsamkeit treue Begleiter. In sie können wir eintauchen. Im Lesen bauen wir an unserer eigenen Welt, die nicht beherrscht wird von den Zwängen des Alltags. Da atmen wir Freiheit. Wir lernen Alternativen kennen. Und lesend kommen wir auch in Berührung mit tieferen Schichten unserer Seele. Wir lernen uns dabei letztlich selbst besser kennen. Und Bücher können fesseln. Das Buch, das ich am Abend lesen werde, ist dann meine eigene Welt. Lesend bin ich frei von den Erwartungen anderer Menschen.

Und als Drittes brauchen wir ein ruhiges Gewissen. Wer Angst hat vor der Stille, weil sein schlechtes Gewissen sich melden könnte, der wird nie zur Ruhe kommen. Er wird nie wirklich Freude an seinem Leben finden. Denn immer lebt er in Angst, dass das schlechte Gewissen sein Lebensgebäude zum Einstürzen bringt. Eine Angst, die sich Menschen nur selten eingestehen, die immer auf der Flucht sind vor sich selber.

Leselust

Schon das Wissen, dass ein gutes Buch einen erwartet am Ende eines langen Tages, macht einen Tag glücklicher«, sagt die amerikanische Lyrikerin Kathleen Norris. Auch mir geht es so. Wenn ich ein gutes Buch lese, freue ich mich darauf, mich abends vor dem Schlafengehen nochmals darin zu vertiefen. Es gibt Bücher, die ich aus reinem Pflichtgefühl lese. Weil ich es angefangen habe, will ich es auch zu Ende bringen. Aber es gibt Bücher, die mich faszinieren, die mich nicht loslassen. Im Urlaub sind es Romane, auf die ich mich nach langer Wanderung freue. Während des Jahres sind es oft die Klassiker der spirituellen Literatur. Die Welt dieser Bücher relativiert die Welt der vielen Termine und Erwartungen von außen. Da tauche ich in eine Welt, die meiner Seele entspricht. Sie tut mir gut. Bücher sind Nahrung für den Geist und die Seele. Wenn ein interessantes Buch auf mich wartet, gibt das auch dem Tag einen anderen Geschmack.

Pick die kleinen Freuden auf

Viele warten auf das große Glück. Sie sind enttäuscht, dass es nicht kommt. Bei ihrer Suche nach dem großen Glück übersehen sie die kleinen Freuden, die auf dem Weg ihres Lebens bereit liegen. Theodor Fontane gibt da einen guten Rat: »Immer die kleinen Freuden aufpicken, bis das große Glück kommt. Und wenn es nicht kommt, was wahrscheinlich ist, dann hat man wenigstens die vielen kleinen Glücke gehabt.«

Die vielen kleinen Glücke vermag jeder zu finden. Denn sie begegnen ihm täglich. Er muss sie nur aufpicken. Aber wie ein Huhn muss er sich dem Boden zuwenden. Wenn er in die Luft schaut, wird er übersehen, was sich ihm auf seinem Weg darbietet.

99 Freudengründe

Der Islam kennt 99 Gottesnamen. Der 100. Name für Allah ist ein Geheimnis, das wir Menschen nicht zu lösen vermögen. Martin Walser bezieht sich auf die 99 Gottesnamen, wenn er in einem kurzen Text vom 99. Grund zur Freude spricht. Freude ist für Martin Walser etwas Göttliches. Und wie es 99 Namen für Gott gibt, so gibt es 99 Gründe für die Freude. In der Freude haben wir teil an Gott. Der 99. Grund zu Freude ist für Martin Walser: »Dass mehr wird, was ich mit anderen teile. Dass mich, was ich allein habe, nicht freut. Der Mund des Gastes macht den Wein gut.«

Das Wunderbare ist: Wer das, was ihm wertvoll ist, mit anderen teilt, wird nicht ärmer, sondern reicher. Es ist wie bei der Brotvermehrung, die in der Bibel erzählt wird. Das Brot, das die Jünger verteilen, wird immer mehr. Es nimmt gar nicht ab. Wenn ich etwas für mich allein behalten will, kann ich mich nicht daran freuen. Ich verbrauche viel Energie, um etwas Kostbares für mich zu behalten, sei es Besitz, sei es Wissen, sei es ein schönes Bild. Ich kann mich freuen, wenn ich das Bild alleine anschaue. Aber wenn ich das Bild den Blicken der andern entziehen muss, damit ich es für mich allein habe, ist das mit seelischen Kosten verbunden. Ich werde beim Anschauen immer nur die anderen im Blick haben, vor denen ich es schützen möchte. Wahre Freude will mitgeteilt werden. Das vermehrt sie.

Martin Walser zeigt das in einem schönen Bild: »Der Mund des Gastes macht den Wein gut.« Wenn ich den Wein mit dem Gast teile, wird er erst richtig gut. Wenn ich ihn allein koste, kann ich ihn nicht so genießen wie mit einem Freund zusammen. Der Genuss des Freundes wird meinen eigenen Genuss vertiefen. Das Lob des Gastes über den guten Wein wird ihn auch für mich noch köstlicher machen.

Einladung

Lächeln ist die kürzeste Entfernung zwischen Menschen«, sagt Victor Borge. Ein Lächeln bringt Menschen einander näher, die sich vorher noch fremd waren. Wenn ich in ein Geschäft eintrete und die Verkäuferin mich anlächelt, dann entsteht mitten in der Anonymität der Geschäftswelt eine Beziehung auf der menschlichen Ebene. Die Entfremdung ist aufgehoben. Die Distanz ist überbrückt. Natürlich gibt es auch das künstliche Lächeln, das ein Unternehmensberater eintrainiert hat. Doch dieses künstliche Lächeln schafft keine Beziehung. Es bleibt bei dem, der es praktiziert. Ein Kunde kann sehr gut unterscheiden, ob das Lächeln ihm gilt und ihn willkommen heißt, oder ob es nur freundliche Fassade zum Zweck des Kaufanreizes ist. Es gibt ein Lächeln, mit dem ich mir den anderen vom Leib halte, eine kalte Freundlichkeit, die dem anderen signalisiert: Komm mir nicht zu nahe.

Ein Lächeln jedoch, das vom Herzen kommt, schafft sofort Nähe und Einverständnis. Es lädt ein, sich dem andern zu öffnen. Ich fühle mich verstanden und angenommen, ernst genommen. Ich darf sagen, was ich denke. Ich werde nicht beurteilt. Und ein solches Lächeln lädt zum Gespräch ein. Ich bekomme Lust, den andern anzusprechen, mit ihm in Austausch zu kommen.

Mir erzählte ein Mann, den ich begleitet habe, wie gut es ihm getan hat, mit der Verkäuferin in einem kleinen Geschäft ins Gespräch gekommen zu sein. Da war sofort Nähe und Vertrautheit da, aber zugleich Freiheit. Keiner wollte den anderen für sich vereinnahmen. Der Mann hat sich einfach wohl gefühlt. Er bekam durch eine solche kleine Geste wieder Mut, auf Menschen zuzugehen und sich an freundlichen Blicken und an einem Lächeln zu erfreuen.

Zu Besuch

Beeil dich nicht. Bekümmere dich nicht. Du bist hier nur für einen kleinen Besuch. So mach auf jeden Fall halt und riech an den Blumen.« Walter Hagen inspiriert uns mit diesen Sätzen. Er zeigt, wie wir unser Leben genießen können. Wir sind hier auf Erden nur für einen kleinen Besuch. Unsere Zeit ist begrenzt, so wie wenn wir liebe Freunde besuchen. Aber bei diesem Besuch sollten wir uns nicht beeilen und uns keine Sorgen machen. Es ist nur ein kurzer Besuch. Wir sollten dabei nicht versäumen, sagt Walter Hagen bildhaft, an den Blumen zu riechen. Das ist ein Zeichen selbstvergessener Präsenz in einem Augenblick, den man genießt.

Bei einem Besuch muss man keine Geschäfte abschließen oder ein Pensum an Besichtigungen absolvieren. Es geht darum, sich Zeit zu lassen und die kurze Zeit zu genießen. Der Hinweis auf die Blumen kann also auch als ein ganz konkreter Tipp für ein gelingendes Gast-Sein gelesen werden: Anstatt in die Geheimnisse der Familie einzudringen, bei der wir zu Besuch sind, sollten wir uns lieber den Blumen zuwenden und uns an ihrem Duft erfreuen. Das wird den Besuch erfreulicher gestalten, als wenn wir – zum Beispiel – die Probleme der Gastfamilie lösen möchten.

Und auch für unser ganzes Leben gilt: Das Bewusstsein, dass unser Leben nur von kurzer Dauer ist, lädt uns ein, diese Zeit bewusst wahrzunehmen und das Schöne, das wir in dieser kurzen Zeit erleben, auch in aller Ruhe in uns eindringen zu lassen – so wie den Duft von Blumen.

Gänseblümchenweisheit

Erfolg ist nicht alles. Nadine Stair hat das im Rückblick auf ihr Leben erkannt: »Wenn ich mein Leben noch einmal leben könnte, würde ich mehr Gänseblümchen pflücken.« Diese erfolgreiche Frau ist durchaus stolz auf das, was sie erreicht hat. Sie will ihren Erfolg nicht vermissen. Aber eines würde sie anders machen. Sie würde sich mehr Zeit lassen für einfache Dinge, für zweckfreies Tun. Sie würde sich zur Erde bücken und die Gänseblümchen bewundern. Und sie würde sich einen Strauß pflücken. Er wäre ihr mehr wert als das edle Gebinde, das sie teuer bei ihrer Floristin gekauft hat. Da wäre mehr von ihr selbst darin, von ihrer Phantasie, von ihrer Liebe, von ihrem Geschmack. Es wäre mehr Freiheit darin. Mehr Lust am Leben. Mehr Freude.

Biergartenglück

In Bayern, besonders im Raum München und Umgebung, ist der Besuch eines Biergartens zu einer Art Freizeitkultur im Sommer geworden. »Einkehren« ist das bayerische Wort für einen solchen Besuch. »Sogar beim Einkehren in den Biergarten kann man bei sich selber einkehren«, so schreibt der Schriftsteller Franz Herre in einem Buch mit dem schönen Titel »Das Glück liegt auf der Hand«. Und in der Tat: Bei warmen Temperaturen und bei schönem Wetter abends in den Biergarten zu gehen, unter Kastanien zu sitzen, auf bescheidenen Holzbänken den Tag ausklingen zu lassen, bei einfachem Essen und Trinken, wissend, dass das Leib und Seele zusammenhält, das ist für viele zum Inbegriff von Erholung geworden. Man trifft sich mit Freunden, führt keine zweckgerichteten Gespräche, verhandelt nichts Wichtiges, muss nichts Tiefsinniges reden. Man genießt einfach den lauen Abend und das gute Bier. Am besten, so Herre, man redet möglichst wenig und konzentriert sich auf das Wesentliche: »den stillen Genuss des bescheidenen Glücks.« Selbst bei dieser Einkehr – so meint Franz Herre – kann man bei sich selbst einkehren.

Nicht immer ist die Umgebung nur ländlich beschaulich oder idyllisch. Aber auch in einer oft oberflächlichen Stimmung, auch im Trubel eines Münchner Biergartens vermag ich bei mir selbst einzukehren und bei mir zu sein. Und wenn ich bei mir bin, dann kann ich mitten im Trubel das Leben genießen.

Verschluck dich nicht

Wer nicht genießen kann, wird bald ungenießbar. Menschenkenntnis und Erfahrung bestätigen dieses Sprichwort. Aber das ist nur eine Seite der Medaille.

»Wer sich allen Genüssen des Lebens hingibt, der empfindet keinen Genuss mehr.« Auch dieser von Lord Chesterfield stammende Satz hat seine Wahrheit: Genießen setzt die Fähigkeit zum Verzicht voraus. Wer immer genießen will, wer sich zuschüttet und vollstopft mit guten Dingen, der spürt bald nichts mehr. Er kann sich im Genießen nicht mehr selbst vergessen. Er kann nicht bei sich sein, weil er jedem Genuss immer wieder nachjagen muss. Damit aber wird der Genuss bald ungenießbar. Auch das Genießen braucht das rechte Maß. Wer maßlos in sich aufnimmt, wird sich bald daran verschlucken. Und am Ende überzogener Wünsche und unersättlicher Gier steht immer die Enttäuschung: »Nichts wird den zufrieden stellen, der nicht mit wenigem zufrieden ist,« sagt man in Griechenland.

Vorfreuden

Warten ist eine Kunst, die ich selber auch nicht sehr gut beherrsche. Wenn ich unterwegs tanken muss und dann an der Kasse hinter Leuten stehe, die mit ihrer Umständlichkeit alle anderen aufhalten, dann spüre ich, wie ich ungeduldig werde. Ich warte, damit ich bald wieder weiterfahren kann. Es gibt aber auch ein anderes Warten. Ein freudiges Ereignis steht bevor. Wenn ich mich darauf einstelle, dann bekommt mein Warten eine andere Dimension. Dann hat es teil an der Freude, die mich erwartet. Dieses Warten hat offensichtlich Ephraim Gotthold Lessing im Blick, wenn er schreibt: »Ein Vergnügen erwarten ist auch ein Vergnügen.« Wenn wir als Kinder auf Weihnachten gewartet haben, dann war das Warten von der Vorfreude erfüllt. Und wenn wir zum Beispiel als Jugendliche ins Sechziger-Stadion in die nahe Großstadt gefahren sind, um das Spiel Bayern München gegen 1860 München zu sehen, dann fieberten wir dem Spiel entgegen. Das Warten war schon voller Lust. Es versetzte uns in Spannung und war genauso lustvoll wie das Zuschauen beim Spiel und wie das Nacherzählen auf dem Heimweg. Und auch wenn »unsere« Mannschaft verloren hatte und wir darüber traurig waren – die Vorfreude konnte uns niemand mehr nehmen.

Ein Himmelsweg

Der Himmel – das ist der Inbegriff der Seligkeit und Ziel unseres Lebens. Aber er ist nichts, was von unserem Leben getrennt wäre, verortet in einem Jenseits, das mit unserem Dasein in dieser Welt nichts zu tun hätte. »Der ganze Weg zum Himmel ist Himmel«, sagt Teresa von Avila. Sie, die große Mystikerin, hat in ihrem Leben viel Leid erfahren. Sie wurde von den patriarchalen Führern der Männerkirche ihrer Zeit schief angesehen, sie wurde verdächtigt. Ihre Schriften wurden zum Teil verboten, ja sogar verbrannt, ihre Klostergründungen wurden mit Argusaugen beobachtet. Und sie fühlte sich oft krank. Doch sie hatte einen Blick für die schönen Dinge des Lebens. Sie konnte genießen. Einer griesgrämigen Schwester, die ihr Vorwürfe machte, dass sie so ausgelassen feierte, erwiderte sie: »Wenn Fasten, dann Fasten. Wenn Rebhuhn, dann Rebhuhn.« Ihr Ziel war, Gott zu erfahren. Dieser Weg führt auch durch manche Dunkelheiten hindurch. Doch sie hat zugleich in ihrem Herzen etwas erkannt, was noch heute gilt: Der Himmel als Ziel meines Lebens leuchtet schon über all meinen Wegen. Das Ziel ist also schon gegenwärtig. Ich brauche nur emporzuschauen. Dann sehe ich den Himmel über mir. Er ist Bild für den Himmel, den ich ersehne. Aber der Himmel ist nicht nur über mir. Wir tragen den Himmel, auf den wir zugehen, schon in uns. So ist der ganze Weg zum Himmel schon Himmel. Auch wenn der Himmel unseres Bewusstseins oft verhangen ist oder dunkle Wolken ein Unwetter ankündigen, so dürfen wir doch gewiss sein: Der Himmel in uns kann sich nicht verdunkeln. Dort ist selbst bei äußeren Stürmen und Unwettern ein innerer Friede, ein inneres Leuchten.

Über der Erde

Glücklichsein beginnt immer ein wenig über der Erde« (Karl Krolow).

Wir sagen tatsächlich alltagssprachlich von einem Menschen, der mit sich rundum glücklich ist, er sei »abgehoben«. Jemand hebt ab – das kann zwar auch negativ gemeint sein, in dem Sinn: Er ist unrealistisch und möchte die Wirklichkeit nicht mehr so ertragen, wie sie ist. Aber es kann eben auch diesen positiven Sinn haben: Jemand sieht die Dinge von oben und im Abstand. Er bekommt nicht nur eine andere Sicht – nach unten –, sondern eine größere Perspektive – himmelwärts. Im Traum erleben wir häufig, wie wir fliegen können. Wir heben ab, steigen in die Lüfte, um die Leichtigkeit des Seins zu erfahren, um unsere Welt von oben und anders zu sehen. Wir sind nicht mehr fixiert auf die Probleme, die uns sonst so dicht und bedrängend umgeben. Wie ein Winddrachen werden wir in die Luft gehoben, lassen alles Schwere unter uns, schweben, sehen uns die Probleme dort unten am Boden von einem höheren Standpunkt aus an. Dann relativieren sie sich. Sie erscheinen uns klein. Und vor allem sind wir nicht mehr hinein verwickelt. Wir gewinnen mit der Distanz auch an Freiheit. Der Lyriker Karl Krolow hat offensichtlich solche Erfahrungen im Blick, wenn er meint, das Glücklichsein beginne immer ein wenig über der Erde. Glücklich ist, wer nicht mehr unter der Erdenschwere leidet, wer sich, gleichsam im Zustand der Schwerelosigkeit schwebend, der Leichtigkeit des Seins erfreut.

Sieh das Leben heiter

*Von der
Leichtigkeit des Lebens*

Ein leichtes Herz

Heiterkeit ist der Himmel, unter dem alles gedeiht«, sagt der Dichter Jean Paul. Das ist eine psychologische und eine spirituelle Einsicht. Und eine sehr alte dazu: Im frühen Mönchtum war die Heiterkeit des Herzens Zeichen eines geistlichen Menschen. Benedikt spricht vom weiten Herzen. Das heitere Herz ist immer auch ein weites Herz. Es ist voller Milde. Es urteilt nicht. Es verbreitet in seiner Umgebung Freude. Heiterkeit kommt von der indogermanischen Wurzel »kai«, die »scheinend, leuchtend« bedeutet. Heiterkeit ist also innere Klarheit. Nicht nur die wetterfühligen Menschen wissen aus eigener Erfahrung: Der heitere Himmel hellt auch das Gemüt des Menschen auf. Er tut ihm gut und fördert seine gute Laune. Die Wettervorhersage im Radio spricht oft davon, dass es am nächsten Tag »heiter und wolkig« sein wird. Der Himmel ist heiter, wenn die Sonne ihn prägt, aber auch zugleich leichte Wolken die Sonne etwas abmildern. Es ist eine angenehme und milde Sonne, nicht die stechende Sonne eines Hochsommertags. Sie tut uns besonders wohl.

»Heiterkeit, der Himmel, unter dem alles gedeiht«. Wie wahr: Unter einem heiteren Himmel gedeihen die Früchte der Erde am besten. Da bekommen sie Sonne und Schatten. Und auch für die Psyche des Menschen ist ein heiterer Himmel ein Segen. Wenn die Sonne vom Himmel sticht, sucht der Mensch lieber kühlere Plätze auf. Unter heiterem Himmel geht er gerne spazieren. Da hat er teil an der Stimmung, die ihn umgibt. Sein Herz hellt sich auf. Und er lässt sich nicht so leicht aus seinem guten Gestimmtsein vertreiben.

Wie man's nimmt

*I*m Grunde ist jedes Unglück gerade nur so schwer, wie man es nimmt.« Mit diesem Satz will die österreichische Dichterin Marie von Ebner-Eschenbach sagen, dass es von uns und unserer Deutung abhängt, wie wir alles erleben. Wir können ein Unglück nicht ändern. Wenn wir einen Autounfall haben, können wir ihn nicht rückgängig machen. Aber wir können dankbar sein, dass wir mit dem Leben davon gekommen sind. Natürlich kann und darf die Deutung nicht willkürlich sein. Wenn jemand beim Unfall ums Leben kommt, können wir das nicht auf die leichte Schulter nehmen. Es tut weh. Und es tut uns gut, diesen Schmerz zuzulassen. Aber auch in einem solchen Fall wird es an uns liegen, wie schwer wir es auf Dauer nehmen, ob wir uns ein Leben lang davon niederdrücken lassen, oder ob wir durch die Trauer hindurch zu einer neuen Intensität des Lebens gelangen.

Marie von Ebner-Eschenbach hat mit ihrem Wort eher die kleinen Missgeschicke des Tages im Sinn. Und da liegt es an uns, wie schwer wir das nehmen, was uns widerfährt. Wir können uns hineinsteigern und am Sinn unseres Lebens zweifeln, oder wir können es als Herausforderung nehmen, an der wir wachsen können. Das Glück liegt in unserem Herzen. Wir haben die Wahl.

Mit Humor geht's besser

Ordnung ist gut, ja sie schafft oft erst den Freiraum für die Lust am Leben. Aber Ordnung ist nicht alles: »So sehr wir unser Leben auch in Ordnung zu bringen versuchen: Wir können plötzlich sterben, ein Bein verlieren oder ein Glas Apfelmus fallen lassen«, hat Natalie Goldberg gesagt. Es ist gut, unser Leben zu ordnen. Aber wir können unser Leben nicht in den Griff bekommen. Wir haben keine Garantie, dass wir lange gesund bleiben. Wir können plötzlich sterben. Oder wir können in einen Unfall auf der Autobahn verwickelt werden. Die Zeitkontrolle, mit der Firmen die Arbeitszeit ihrer Mitarbeiter kontrollieren, ist für unser Leben wertlos. Je mehr wir unser Leben unter Kontrolle bringen möchten, desto mehr wird es uns außer Kontrolle geraten. Das gilt nicht nur für unsere Gesundheit, sondern auch für die kleinen Missgeschicke unseres Lebens. Wir möchten alles richtig machen. Dann fällt uns gerade vor den Augen unseres lange erwarteten Besuches ein Glas Apfelmus auf den Boden. Alle noch so gut gemeinten Vorbereitungen werden dadurch über den Haufen geworfen.

Leben gelingt nur, wenn wir mit den vielen Zufällen rechnen, mit all dem, was uns unverhofft einen Strich durch die Rechnung macht. Es braucht Humor, das Leben, das wir ordnen möchten, immer wieder so anzunehmen, wie es sich uns darbietet, oft genug chaotisch, unvermutet, in unseren Plänen durchkreuzt.

Sponti-Weisheit

Sponti-Sprüche transportieren oft auf witzige Art Weisheit. So auch dieser Spruch, der an einem tristen Wohnblock in Berlin-Kreuzberg zu lesen war:

»Lache, und die Welt lacht mit dir.
Weine, und du machst nur dein Gesicht nass.«

Lachen öffnet uns die Herzen der Menschen.
Im Lachen entsteht Gemeinschaft.
Wer lacht, findet immer Menschen, die gerne mit ihm lachen. Ich erfahre es oft bei Kursen. Bei den Mahlzeiten gibt es da oft Tischnachbarn, die herzlich miteinander lachen. Sofort wenden sich die übrigen am Tisch, manchmal auch der ganze Saal, ihnen zu und möchten mitlachen. Lachen zieht die Menschen an. Sie möchten auch dabei sein.

Weinen macht oft einsam. Manchmal erfährt der Weinende auch zärtliche Anteilnahme und Zuwendung. Aber häufig haben die Menschen in der Nähe Hemmungen, auf den Weinenden zuzugehen und ihn anzusprechen. Der Sponti-Spruch drückt auf sarkastische Weise aus, dass der Weinende allein bleibt. Er macht nur sein Gesicht nass. Er hat nichts davon.

Das ist natürlich nur eine Seite der Medaille. Manchmal kann Weinen auch heilsam sein. Es kann mich innerlich befreien von der Trauer, die in mir ist. Doch wenn ich aus Selbstmitleid weine, dann bewegt sich nichts in meinem Innern. Ich bleibe in meinem Weinen stecken – und mache mir tatsächlich nur das Gesicht nass.

Wer lacht, der lebt

Wer lacht, gibt damit zu erkennen, dass er lebt.« In zahlreichen Mythen und Märchen der verschiedensten Völker hat die italienische Volkskundlerin Maria Caterina Jacobelli diese eine Grundidee erkannt: das Lachen ist dem Menschen als lebendigem Wesen eigentümlich.

Das Lachen steht bei vielen Völkern nicht nur am Beginn des Lebens, sondern es gilt sogar als Lebensspender. Sara nennt ihren Sohn Isaak: »Gott ließ mich lachen« (Gen 21,6). Die Griechen sahen das Lachen als eine Eigenschaft der Götter an. »Das Lachen ist dann Lebensfülle und Lebensdichte, es ist eine Weise, Götter zu sein.«

Homerisches Gelächter

Die griechische Religion der Antike war eine Religion der Heiterkeit. Die Götter des Olymps lachten gerne. Homer schildert ihr Lachen immer wieder. Nicht umsonst sprechen wir immer noch sprichwörtlich vom homerischen Gelächter. Dass die Griechen viele Ausdrücke für die verschiedenen Arten des Lachens kennen, zeigt schon, wie wichtig ihnen dieses Thema war. Da gibt es den Witz, den derben Spaß (bomolochia), das Lustige, das Komische (geloion), das Hohnlachen (gelos), den Spaß und das Spiel (paidia) und die Heiterkeit (hilarotes). Seit Friedrich Schiller, der die Heiterkeit und das Lachen als charakteristisch für die hellenische Religion ansah, spricht man von den »heiteren Griechen«.

Auch die griechische Philosophie hat sich der Heiterkeit und des Lachens angenommen. Demokrit gilt als der lachende Philosoph, weil er die Dummheit der Menschen durchschaut. Sokrates zeigt selbst angesichts des Todes eine heitere Haltung. Platon meint, von den höchsten Dingen, auch den göttlichen Dingen, könne man nur in einer Mischung von Scherz und Ernst sprechen. Für ihn ist die Heiterkeit Wesen der Götter. Der Mensch ist nach seiner Feststellung das einzige Wesen, das die Fähigkeit zu lachen besitze. Daher soll er den Göttern ähnlich werden und die Heiterkeit als seine beständige Haltung anstreben. Für die stoische Philosophie ist die »Heiterkeit des Gemüts« das Lebensideal.

Osterlachen

Die italienische Volkskundlerin Maria Caterina Jacobelli hat auch ein Buch über das Osterlachen geschrieben. Im Mittelalter war es üblich, dass der Prediger im Ostergottesdienst Witze erzählte, die das Volk zum Lachen brachten. Manche Forscher meinen, das Osterlachen gehe auf einen Brauch in Ägypten zurück. Dort hatte das Lachen im Kult seinen festen Platz. Am dritten Tag nach der Auffindung des Osiris hat man sich ausgelassenem Jubel hingegeben. Offensichtlich hat das Lachen an Ostern etwas mit dem dritten Tag zu tun, an dem Jesus auferstanden ist. Der Brauch des Osterlachens war in der mittelalterlichen Kirche bei den Leuten sehr beliebt. Doch die Bischöfe versuchten diesen Brauch immer wieder zu unterbinden. Er schien ihnen nicht angemessen zu sein für den heiligen Raum der Kirche. Außerdem waren die Witze der Priester oft sexuell getönt. Offensichtlich hatte aber das Volk ein tiefes Gespür dafür, dass an Ostern die Lust über den Tod gesiegt hat. Auferstehung meint den Sieg des Lebens über den Tod. Und das Leben verbanden die Menschen auch damals mit Lust. Leben ist Lust, nicht nur Lust des Geistes, sondern auch körperliche Lust. Jesus ist an Ostern ja leibhaft auferstanden. Für die Priester im Mittelalter war die Sexualität der Ort, an dem sie diese Lust am klarsten festmachen konnten. Damals war Liturgie noch mit Lust verbunden. Und Ostern verstand man als etwas, das einem nach der Fastenzeit neue Lust am Leben schenkte. Lachen hat mit Lust zu tun. Und die Lust hat immer auch eine Beziehung zum Leib und zur Sexualität.

Im Bereich des Heiligen zu lachen, hatte für das Volk mit eigentlicher Erfahrung von Ostern zu tun: Christus ist leibhaft von den Toten auferstanden. Sein Leib hat eine neue Würde bekommen. Sein Leib ist hineingehoben in die Herrlichkeit Gottes. Daher ist das Lachen angemessener Ausdruck des Glaubens an die Auferstehung. Im Lachen drückt sich die Bejahung des Lebens und des Leibes aus. Aber es ist auch der Beginn neuen Lebens. An Ostern waren die Kirchen überfüllt. Alle warteten auf die Osterwitze des Predigers. Sie sehnten sich nach der Fastenzeit danach, wieder herzhaft lachen zu können. Das Lachen – so glaubten sie – würde das neue Leben in ihnen hervorlocken, das überall in der Natur im Frühling zur Blüte drängt.

Es gab nicht nur das Osterlachen. An anderen Orten war es üblich, an Ostern in der Kirche zu tanzen. Man wollte die Befreiung des Lebens von allen Fesseln austanzen.

Daran sollten wir uns immer wieder erinnern: Religiöser Ausdruck ist etwas ganz Vitales. Spiritualität soll spürbar sein, bis in den Leib hinein.

Ein Rühmen Gottes ist das Lachen

Ein Rühmen Gottes ist das Lachen, weil es den Menschen Mensch sein lässt.« Karl Rahner hat das gesagt, einer der großen christlichen Denker unserer Epoche. Karl Rahner war ein Theologe, der über sich selbst lachen konnte und sich selbst nicht so wichtig nahm. Er konnte staunen wie ein Kind – etwa, wenn er einem Specht zusah und sich fragte, was in dem Kopf dieses Vogels vorgehen mochte. Und er konnte sich freuen wie ein Kind. Nichts war ihm lieber als ein köstlicher, großer Eisbecher, über dem er alle Querelen und alle tiefsinnigen Fragen vergessen konnte. Als er zu einer wissenschaftlichen Konferenz in Paris musste, war sein größtes Vergnügen eine Fahrt auf den Eiffelturm. Und als sein Verlag ihm zum 75. Geburtstag ein Fest veranstaltete, machte er dem Jubilar die größte Freude damit, dass er einen Kinderchor einlud. Dieser große Denker hat sich bei aller Schärfe seines Geistes ein kindliches Gemüt bewahrt. Für ihn ist das Lachen ein Loben und Rühmen Gottes. Denn Lachen ermöglicht dem Menschen, Mensch zu sein. Es macht ihn erst menschlich. Ein humorloser Theologe ist für Karl Rahner kein guter Theologe und auch kein wirklicher Mensch.

Rahner hat mit seinem Wort an das Wort des großen frühchristlichen Theologen Irenäus angeknüpft: »Gloria dei – homo vivens.« (Die Herrlichkeit Gottes, der Ruhm Gottes, das ist der lebendige Mensch.) Lachen ist Zeichen für die Lebendigkeit des Menschen. Daher ist der lachende und lebendige Mensch der wahre Ruhm Gottes. Durch sein heiteres Dasein preist er den Gott der Liebe und der Menschenfreundlichkeit. Es gibt nichts Schöneres unter dem Himmel.

Wolkengezupf und Grashüpferhupf

Joachim Ringelnatz zeichnet sich durch seine satirischen Verse aus. Doch hinter der Satire steckt bei ihm offensichtlich noch mehr: eine Lust, die üblichen Vorstellungen der Menschen in Frage zu stellen und den Menschen auf neue Wege zu weisen. Dass seine Satire nicht aus Verzweiflung oder aus kritischer Absicht kommt, wie es häufig der Fall ist, sondern aus einer positiven Quelle, Lust am Leben, aus der Sehnsucht, das Leben einfach nur zu genießen, anstatt sich über die Pflichten den Kopf zu zerbrechen und über die Erwartungen der Menschen nachzudenken, inwieweit wir sie erfüllen müssen oder sollten oder könnten, zeigt sich in dem Gedicht über die Sommerfrische:

»Zupf dir ein Wölkchen aus dem Wolkenweiß,
Das durch den sonnigen Himmel schreitet.
Und schmücke den Hut, der dich begleitet,
Mit einem grünen Reis.
Verstecke dich faul in die Fülle der Gräser.
Weil's wohl tut, weil's frommt.
Und bist du ein Mundharmonikabläser
Und hast eine bei dir, dann spiel,
was dir kommt.
Und lasse deine Melodien lenken
Von dem freigegebenen Wolkengezupf.
Vergiss dich. Es soll dein Denken
Nicht weiter reichen als ein Grashüpferhupf.«

Ein fröhliches Gedicht, ein phantastisches Spiel mit Bildern und Worten, das den Ernst des Lebens für einen Augenblick vergessen lässt, das eine kosmische Melodie der Schöpfungslust und

Selbstvergessenheit und des Daseins im Augenblick anstimmt. Und das, indem es die Gedanken ohne Ziel und Zweck »hüpfen« lässt, nichts anderes ist, als Sprache gewordene Lebenslust. Auch Ringelnatz ist überzeugt: Es gibt nichts Schöneres unter dem Himmel.

*Jeder Augenblick
ein Wunder*

Genieße deine Zeit

Wach auf!

Max Frisch erzählt in seinem Roman »Homo faber«, wie er die Menschen beobachtet, die nur mit sich und ihren Lasten beschäftigt sind. Die Lastenträger schauen nur auf den Boden und sehen nicht das Glück, das sie umgibt. Auch die Herren, die sich in Sänften tragen lassen, haben ausdruckslose Gesichter, die nichts von dem Glück wissen, das bereitliegt, auch in ihr Herz einzudringen: »Leute kamen des Weges, Gesichter, als wüssten sie nicht, wie nahe am Glück sie wohnen, wie offen die Tore uns stehen. Man hätte stutzen können, wie sie des Weges kamen, Krämer, die eben auf dem Markte waren, Kulis, die ihre Lasten trugen, die auf den Boden blickten, damit sie nicht stolperten und das Genick nicht brachen unter ihren Lasten, Herren auch, die sich in einer Sänfte tragen ließen, lächelnd, fächelnd. Man hätte stutzen können. Sie gafften mich an, die Träger, die Herren – man hätte sie packen mögen, den ersten besten, einen Wasserträger zum Beispiel: »Mensch, Freund, wissen Sie es denn nicht?« – »Was?« – »Wie selig, wie herrlich, wie wunderlich das Leben sein kann, sehen Sie es denn nicht. Ein solcher Morgen ...«

Glück hat demnach etwas mit Aufwachen zu tun. Wir sind so sehr mit uns beschäftigt, dass wir die Wirklichkeit nicht sehen, die uns umgibt. Das Glück ist für Max Frisch nicht etwas rein Subjektives. Es liegt in der Frische des Morgens, im Zauber des Augenblicks, in der Schönheit der aufgehenden Sonne. Doch wer nicht aufwacht, kann das Glück nicht wahrnehmen, das ihn umgibt.

Das Leben ist so bunt

Jeder Tag zeigt es aufs neue: Dass das Leben schön ist, muss man einem nicht erst mit Vernunftargumenten nahe bringen. Man braucht nur seine Sinne öffnen, die Augen aufmachen für das Leben, sich einlassen auf die schönen Dinge um uns herum.

»Schau, das Leben ist so bunt«, beginnt ein Gedicht von Selma Meerbaum Eichinger. Wenn wir es lesen, dann werden auch wir unmerklich zu einer anderen Sicht unseres Lebens gedrängt. Indem wir ihre Verse, ihre Bilder, ihre Eindrücke in uns aufnehmen, wächst in uns die Lust am Leben. Wir sehen das Leben auf einmal leichter und heller. Wer einen solchen Text auf sich wirken, wer ihn in sich eindringen lässt, wird tatsächlich spüren, dass er in ihm etwas auslösen kann:

»Schau, das Leben ist so bunt.
Es sind so viele schöne Bälle drin.
Und viele Lippen warten, lachen, glühn
Und tuen ihre Freude kund.
Sieh nur die Straße, wie sie steigt:
So breit und hell, als warte sie auf mich ...«

Jeder neue Tag ist eine solche Einladung. Jeden neuen Morgen wartet das Leben auf mich, hell und bunt.

Wunder des Morgens

*M*orgenmuffel würden wohl nie diese Verse von Juan Ramon Jimenez aussprechen:

»Glücklicher Tagesanbruch
Augenblickliche Süße des Lebendigen,
womit die Wirklichkeit – noch kaum erwacht! –
den Traum übertrifft.«

Viele haben das Gefühl, es sei eine Zumutung, überhaupt aufzustehen. Am liebsten würden sie im warmen Bett liegen bleiben. Sie verschlafen den glücklichen Tagesanbruch, die augenblickliche Süße des Lebendigen. Sie sind so sehr in ihrem Widerstand gegen den anbrechenden Tag gefangen, dass sie gar nicht wahrnehmen, welch einen Zauber der anbrechende Tag in sich birgt. Wer morgens vom Schlaf erwacht, wer wirklich die Augen auftut, für den erwacht auch die Wirklichkeit. Für den gilt die Erfahrung des Sprichwortes: »Morgenstund hat Gold im Mund.«

Es liegt an mir selbst, ob ich den neuen Tag als Zumutung erlebe oder als Verheißung, ob der Tag für mich erwacht oder ob er mir schläfrig entgegenkommt, ungewaschen und ungekämmt, ohne Kraft und ohne Frische. Die Süße des Lebendigen ist da. Aber sie muss gespürt werden. Schlaftrunkene Augen werden sie nicht erkennen.

Wenn ich im Sommer nach dem Frühchor um 5.45 Uhr durch unsere Bachallee wandere, dann spüre ich die »augenblickliche Süße des Lebendigen«. Die Sonne steht schon über den Feldern. Ihre Strahlen durchdringen das Laub der Bäume. Die Frische des Morgens umgibt mich. Ich fühle mich eingehüllt in die lebendige, erfrischende und liebende Nähe Gottes. Dann spüre ich den Reiz des Morgens: das Wunder der erwachenden Schöpfung.

Keine Hetze

Der Höhepunkt meines Erlebens ist in den Dingen, die mich umgeben. In der Wiese vor meinem Haus. In der Blume auf meinem Schreibtisch. In der Musik, die ich höre. In der Stille, die ich mir gönne. Die Schönheit ist schon vorhanden. Ich muss sie nur wahrnehmen. Wenn mir das offene Auge fehlt, werde ich die Höhepunkte auch nicht wirklich erleben, die mir Kataloge in den schönsten Farben schildern. Sie werden an mir vorübergehen, ohne mich zu berühren. Die Blume auf meinem Schreibtisch berührt mich, wenn ich sie nur intensiv genug anschaue und mich in ihr Geheimnis vertiefe. Auf dem Grund des Schauens entdecke ich den Höhepunkt unmittelbar vor meinen Augen, immer dann, wenn ich achtsam und wach bin. Wer das einmal erfahren hat, hat es nicht nötig, von einem Event zum andern zu hetzen, in den Katalogen der Reisebüros nach den neuesten Angeboten der Reisebranche zu suchen, von möglichst weit weg liegenden exotischen Zielen oder von möglichst spannendem Nervenkitzel zu träumen.

Genieße – es ist später als du denkst!

Das Buch Kohelet, das jüdische und griechische Weisheit miteinander verbindet, fordert den Menschen auf, das Leben zu genießen. »Denn das ist dein Anteil am Leben« (Koh 9,9). Der Mensch weiß nicht, wie lange sein Leben währt. Daher soll er den jetzigen Augenblick auskosten. Den hat Gott ihm geschenkt.

»Genieße das Leben. Es ist später als du denkst!« Dieses chinesische Sprichwort gibt eine ähnliche Begründung für den Genuss des Lebens an wie das biblische Buch: Es hat wenig Sinn, den Genuss auf später zu verschieben. Du weißt nicht, wie viel Gelegenheit dir noch zum Genießen bleibt. Es ist immer später als wir denken. Unsere Zeit ist begrenzt. Dies galt früher, und es gilt heute. Wenn wir ganz im Augenblick sind, werden wir entdecken, dass er uns alles bietet, was wir erwarten: reine Gegenwart, Fülle des Seins, Schönheit und Leben.

Was das Beste ist

Siehe, was ich als Bestes ersehen habe: dass es schön ist, zu essen und zu trinken und es sich wohl sein zu lassen, bei all der Mühe, womit sich einer plagt unter der Sonne, die wenigen Tage seines Lebens, die Gott ihm gegeben. Denn das ist sein Anteil.« (Prediger 5,17)

Manche meinen, Kohelet, der Prediger, sei ein pessimistischer Mann gewesen. Doch er sieht die Dinge, wie sie sind. Er durchschaut die Illusionen, die wir uns über das Leben machen. Wir können uns mit noch soviel Besitz nicht die Lust am Leben erkaufen. Was uns bleibt, das ist: zu genießen, was Gott uns schenkt, mit Genuss zu essen und zu trinken. Das Leben ist Mühe genug.

Die entscheidenden Sekunden

*I*n jeder Minute, die du im Ärger verbringst, versäumst du 60 glückliche Sekunden deines Lebens.« Der evangelische Theologe, Arzt und Musiker Albert Schweitzer sieht das Leben als grundsätzlich glücklich an. Jede Sekunde unseres Lebens ist von Natur aus glücklich. Wir selber verbauen uns das Glück, indem wir uns vom Ärger bestimmen lassen.

Es ist unsere Entscheidung, ob wir uns die 60 glücklichen Sekunden entgehen lassen, indem wir uns dem Ärger hingeben, oder ob wir sie dankbar annehmen und sie genießen können. Die 60 glücklichen Sekunden sind sicher nicht geprägt von vielen glücklichen Ereignissen. Denn in einer Sekunde kann nicht viel geschehen. Doch allein, indem ich die Sekunde wahrnehme und ganz im Augenblick bin, erlebe ich sie als glücklich.

Geschmacksreichtum

Sauer, süß, bitter, scharf, alles muss geschmeckt werden«, sagen die Chinesen. Im chinesischen Restaurant werden die Speisen mit verschiedenen Saucen serviert. Da gibt es Hühnerfleisch mit süßsaurer Sauce. Und es gibt besonders scharfe Speisen. Jede von ihnen hat ihren besonderen Geschmack. Wenn ich mich darauf einlasse, dann genieße ich jede Speise, gleich welchen Geschmack sie hat. Das chinesische Sprichwort sagt: Auch das Bittere kann dann zu einer Lebensqualität werden, die zu mir gehört. Auch im Bitteren kann ich Lebendigkeit spüren.

Ich erlebe immer wieder Menschen, die die Speisen, die sie nicht kennen, zurückweisen. Sie essen nur, was sie kennen. Doch sie bringen sich um den Reichtum der vielen Geschmacksrichtungen, die es gibt. Alles gehört zum Leben: das Sauere, Süße, Bittere und Scharfe. Aber alles muss geschmeckt werden, damit ich das Leben darin wahrnehme.

Und wenn sich alles dreht...

Oft haben wir das Gefühl: Alles dreht sich immer schneller. Der Mystiker Angelus Silesius weist uns darauf hin, dass wir selber es sind, die entscheiden, wie wir mit der Hetze umgehen:

»Nichts ist, das sich bewegt,
du selber bist das Rad,
das aus sich selber läuft
und keine Ruhe hat.«

Natürlich ist unsere Zeit schneller geworden. Aber ob ich mich dieser schnellen Zeit anpasse oder nicht, ist meine Entscheidung. Ob es in mir schnell wird, das liegt an meinem Rad. Ich kann anschauen, wie alles an mir vorüberzieht. Dann berührt mich die äußere Schnelligkeit nicht.

Ich bleibe der Beobachter. Oder aber ich ziehe mich bei allem äußeren Trubel auf mich selbst zurück. Auch wenn um mich herum Hektik und Unruhe herrschen: Wenn ich in meiner Mitte bin, dann nehme ich die Hetze wahr, ohne mich davon anstecken zu lassen. Natürlich kenne ich die Gefahr, einfach mitzumachen im Karussell, das sich um mich dreht. Aber es ist dann meine Entscheidung. Und ich darf die innere Hetze nicht den anderen anlasten.

»Halt an, wo läufst du hin?«

»Der Himmel ist in dir. Suchst du ihn anderswo, fehlst du ihn für und für.« (Angelus Silesius)

Was suchen die Menschen, die so schnell herumlaufen? Angelus Silesius ist der Meinung, dass sie letztlich den Himmel suchen, die Heimat, die Geborgenheit, das Ausruhen. Doch sie suchen diese Heimat außerhalb. So laufen sie immer schneller, um irgendwo diesen Himmel zu finden. Sie bräuchten sich nur nach innen wenden. Dann würden sie in sich den Himmel entdecken. Und da haben sie alles, was sie suchen. Da ist ihre Sehnsucht gestillt. Dann können sie stille werden, stehen bleiben und gestillt werden durch Gott, der in ihnen wohnt und ihnen alles schenkt, wonach sie streben.

Es ist gut, sich immer wieder zu fragen: Warum laufe ich eigentlich so schnell? Was will ich alles erledigen? Warum hetze ich mich? Hetzen kommt ja von hassen. Hetze ich mich, weil ich mich hasse? Oder laufe ich so schnell, weil ich zuviel auf einmal will? Aber was will ich wirklich? Was ist meine tiefste Sehnsucht? Angelus Silesius spricht unsere tiefste Sehnsucht an: den Himmel. Es ist nicht nur der Himmel, der uns nach unserem Tod erwartet, sondern der Himmel, der in uns ist. Wir sagen von Augenblicken, in denen unsere Sehnsucht erfüllt wurde: es war himmlisch. Doch solche himmlischen Augenblicke können wir nicht festhalten. Sie ziehen an uns vorbei. Wenn wir den Himmel in uns entdecken, dann brauchen wir uns nur nach innen zu wenden. Dann sind wir im Himmel. Dann wird es für uns himmlisch. Dann hören wir auf zu hetzen.

Das kommt davon

»Wir reißen uns ein Bein aus, um schneller ans Ziel zu kommen.« Das hat der aus dem Schwarzwald stammende Verleger Frank Schwörer einmal gesagt. Dieser paradox hintersinnige Satz trifft ins Schwarze: Von Menschen, die sich anstrengen und alle Mühe geben, sagt man ja in der Tat, »sie reißen sich ein Bein aus«. Mit einem Bein kann man aber nur noch humpeln. Da kommt man ganz sicher nicht schneller ans Ziel. Warum reißen wir uns dann ein Bein aus? Wir meinen, nur wer sich Gewalt antut, wird das Ziel erreichen. Doch wer sich Gewalt antut, der mag sich vielleicht kurzfristig zu Höchstleistungen animieren. Auf Dauer wird er sich ins eigene Fleisch schneiden. Die Überforderung wird ihn krank werden lassen. Und dann braucht es erst einmal Zeit, sich auszukurieren. Oder aber die Krankheit wird ihn dauerhaft daran hindern, die Leistung zu bringen, die er von sich erhofft hat. Also: Keine ungesunde Hektik. Immer mit der Ruhe.

Erwartungsfroh

Nur wer warten kann, kann auch etwas erwarten.« Karlheinz A. Geißler hat Recht: Nur wer warten kann, der hat auch etwas vor sich. Wer alles sofort erledigen muss, wer meint, er könne jedes Bedürfnis umgehend erfüllen, der wird unfähig, wirklich zu leben. Dessen Leben wird eintönig. Es wird zur sofortigen Bedürfnisbefriedigung. Doch das ist die Stufe des Tieres. Das Tier wartet nicht auf etwas Bestimmtes. Wenn man ihm Futter vor die Füße wirft, wird es fressen. Doch wenn es hungrig ist, kann es nicht warten und durch Warten die Freude auf die Erfüllung steigern. Dazu ist nur der Mensch fähig. Doch heute haben viele das Warten verlernt. Aber wer nicht mehr warten kann, in dem kann keine Weite entstehen, keine Vorfreude auf die Erfüllung.

Das Warten weitet das Herz. Es erzeugt in ihm eine Spannung, die Leben schafft. In diesem inneren Gespanntsein erwartet uns wahres Leben, erfülltes Leben.

Ganz gegenwärtig

Die misshandelte Zeit äußert sich zunächst im Entzug der Fähigkeit, gegenwärtig zu sein.« Vom Religionsphilosophen Eugen Rosenstock-Hussey stammt diese zunächst irritierende Einsicht. Wie können wir die Zeit misshandeln? Rosenstock-Hussey meint: Wenn ich zuviel in die Zeit stopfe, misshandle ich sie. Wenn ich die Zeit achtlos vorbeiziehen lasse, wenn ich sie totschlage mit vielen leeren Aktivitäten, dann ist das Misshandlung der Zeit. Eine so missachtete Zeit bestraft mich dadurch, dass sie sich der Gegenwart entzieht. Sie geht meinem Leben verloren. In solcher verlorenen Zeit verliere ich mich selbst. Ich fühle mich nicht. Ich bin nicht bei mir. Ich bin nicht gegenwärtig. Die nicht mehr gegenwärtige Zeit macht es mir selbst unmöglich, im Augenblick zu leben. Die Zeit selbst entzieht sich mir. Ich laufe ihr hinterher oder ich übersehe sie. Sie geht an mir vorüber, ohne mir ihr Geheimnis zu erschließen.

Sechs Stunden Arbeit sind genug

Sechs Stunden sind genug für die Arbeit. Die anderen Stunden sagen zum Menschen: Lebe!« Die Gewerkschaften werden dieses Wort des antiken Schriftstellers Lukian gerne für sich in Anspruch nehmen. Doch Lukian lässt sich nicht einfach von den Gewerkschaften vereinnahmen. Er sagt nichts über bezahlte Arbeit und gerechte Entlohnung. Vielmehr rückt er die Maßstäbe zurecht. Wer sechs Stunden arbeitet, kann eine Menge zu Wege bringen. Sechs Stunden kreative Arbeit genügen. Das Ziel des Lebens ist nicht, möglichst viel zu arbeiten, sondern zu leben. Leben heißt aber nicht, möglichst viel erleben und sich nach der Arbeit dem Vergnügen widmen. Leben heißt vielmehr: ganz im Augenblick sein, das tun, was dem Herzen entspricht: wahrnehmen, was ist, und so dem Geheimnis des Lebens auf die Spur kommen.

Ruhestand

Einem Menschen zu sagen, er solle ausruhen, bedeutet, ihm zu sagen, er solle glücklich leben« (Blaise Pascal).

Keiner kann glücklich leben, ohne dass er fähig ist zur Ruhe. Aber es genügt wohl nicht, jemanden dazu aufzufordern, dass er ausruhen soll. Denn viele sind heute unfähig, zur Ruhe zu finden. Daher sind sie wohl auch nicht zum Glück geboren. Ruhe hat in der antiken Philosophie einen hohen Wert. Ausruhen, die Muße genießen, darin liegt die Würde des Menschen. Doch heute müssen wir es erst wieder lernen, wirklich zur Ruhe zu kommen. Ruhig kann keiner werden, der nicht bereit ist, sich der eigenen Wirklichkeit zu stellen.

Freude ist ein Abendbrot

Das Buch »Nachfolge Christi« des niederrheinischen Augustinerchorherren Thomas von Kempen (1380–1471) war neben der Bibel das meistgelesene geistliche Buch des Mittelalters. Für unsere Ohren klingt es sehr fordernd. Und seine Askese erscheint uns eher lebensverneinend. Doch das Ziel der Askese ist auch für Thomas von Kempen die Freude. Wir finden bei ihm auch den Satz: »Freude wird jedes Mal dein Abendbrot sein, wenn du den Tag nützlich zugebracht hast.« Doch die Freude ist für Thomas von Kempen an Bedingungen geknüpft. Wenn ich meinen Tag nützlich zubringe, das heißt, wenn ich die Zeit nutze, wenn ich bewusst lebe, wenn ich gut lebe, wenn ich mich richtig verhalte, wenn ich Gottes Willen erfülle, dann ist die Freude mein Abendbrot. Die Freude ist Ausdruck eines erfüllten Lebens. Und die Freude ist wie ein Abendbrot, das mich nährt. Die Seele wird satt an der Freude. Wer dankbar auf sein Tagewerk zurückblicken kann, der wird von Freude erfüllt. Und die Freude wird seine Begleiterin sein am Abend und während der Nacht. Sie wird sich in der Nacht in seine Seele eingraben, so dass sie auch von Konflikten am nächsten Tag nicht aus dem Herzen vertrieben werden kann.

Genieße dein Alter

Es ist wenig Raum zwischen der Zeit, wo man zu jung, und der, wo man zu alt ist«, sagt Charles de Montesquieu. Ein weiser Satz. Ich selber werde älter – und genieße diese Zeit. Ich trauere meiner Jugend nicht nach. Sie ist vorbei. Sie war schön. Aber ich möchte nicht mehr jung sein. Das Alter schreckt mich nicht. Ich bin gespannt, was sich in mir entwickelt und welche Erfahrungen ich in den nächsten Jahren machen werde.

Doch vielen Menschen geht es anders. Wenn sie jung sind, möchten sie endlich erwachsen werden. Sie möchten mitreden und die Welt gestalten. Doch später haben sie Angst, 30 zu werden, weil sie fürchten, dass die Zeitspanne zu kurz ist, in der sie in Blüte stehen. Oder sie haben Angst, ihren 40. Geburtstag zu feiern: denn da müssten sie endgültig Abschied nehmen von der Jugend. Noch schlimmer ist der 50. Geburtstag. Anstatt die Fülle des Lebens zu genießen, trauern sie der verlorenen Zeit nach. Solche Menschen leben nie in der Gegenwart. Sie können das Geheimnis jeder besonderen Zeit nicht genießen, weil sie immer entweder zu jung oder zu alt sind, aber nie zufrieden mit dem Alter, das sie gerade haben. Solche Menschen müssen irgendwann einmal bekennen, dass sie nie wirklich gelebt haben. Immer waren sie zu jung oder zu alt. Nie waren sie passend. Nie haben sie den Augenblick ausgekostet. Jede Zeit und jedes Alter ist gut. Aber ich darf mein Alter nicht mit anderen Zeiten vergleichen. Wenn ich ganz im Augenblick lebe, dann geht mir das Geheimnis gerade meines jetzigen Alters auf. Und ich erkenne die Chance, gerade jetzt gegenwärtig zu sein und zu *leben*.

Lebenselexier

Der Weisheitslehrer Jesus Sirach verbindet jüdische Weisheit mit Einsichten hellenistischer Lebenskunst. Von ihm stammt ein Rat, der heute noch aktuell ist: »Gib dich nicht dem Trübsinn hin, quäl dich nicht selbst mit nutzlosem Grübeln! Freude und Fröhlichkeit verlängern das Leben des Menschen und machen es lebenswert« (Jesus Sirach 30,21).

Es ist eine optimistische Weisheit. Wir können uns das Leben selbst schwer machen. Wir sollen die negativen Gedanken nicht verdrängen. Denn sonst würden sie uns überallhin verfolgen. Doch es geht darum, Abstand zu gewinnen zu dem Trübsinn, der manchmal in uns aufsteigt. Ich nehme ihn wahr, ohne ihn zu verdrängen. Aber indem ich ihn wahrnehme, lasse ich ihn auch los, distanziere mich davon. Der Weisheitslehrer ist davon überzeugt: Die Freude entspricht dem Wesen des Menschen. Sie tut seiner Gesundheit gut und sie verlängert sein Leben.

Ein Geschmack der Ewigkeit

Alle Lust will – Ewigkeit!… – will tiefe, tiefe Ewigkeit.« Dieser Ausruf Nietzsches ist nicht nur Rebellion gegen ein einengendes, lustfeindliches Christentum, das überall nur die Sünde sah. Er ist auch Ausdruck einer tiefen Sehnsucht nach einer lebendigen Religion, nach einer Lust, die auch die Beziehung zu Gott prägt. Nietzsche sehnt sich nach dieser Lust, ohne sie in seiner eigenen Krankheit selbst zur Genüge erfahren zu können. Lust kann gar nicht eine lange Zeit hindurch erfahren werden. Sie übersteigt aber bereits unsere Endlichkeit, weil sie Aufhebung der Zeit ist. In ihr ist Sehnsucht und Erahnen der Ewigkeit. Ewigkeit ist hier nicht verstanden als lange Dauer. Ewigkeit ist hier vielmehr der Augenblick, der ganz tief erlebt wird, in dem ich ganz in dem bin, was ich tue, was ich fühle, was ich bin. Sie ist eine Erfahrung, die den ganzen Leib durchdringt, die den Menschen in Leib und Seele vibrieren lässt, die das Innerste des Menschen erschüttert. Diese Lust hat in sich etwas vom Geschmack der Ewigkeit. Und sie verweist auf den, der allein unsere tiefste Sehnsucht zu erfüllen vermag.

Vom guten Leben

Mit dem Herzen sieht man besser

Dem Geheimnis auf der Spur

Gutes Leben beginnt so

Das gute Leben beginnt mit Achtsamkeit. Wer nicht auf sich achtet, verliert sich selbst. Wer nicht achtsam jeden Augenblick lebt, lebt an sich und an der Wirklichkeit vorbei. Es braucht Achtsamkeit, um sein Leben bewusst zu leben. Erst wenn ich aufmerksam werde, entdecke ich den Reichtum des Lebens.

Jeder neue Tag kann dies lehren: Wenn ich achtsam aufstehe, spüre ich, dass Aufstehen etwas mit Auferstehung zu tun hat. Ich stehe aus dem Grab meiner Angst auf, aus dem Grab meiner inneren Dunkelheit. Ich stehe auf, ich stehe zu mir, ich stehe diesen Tag durch. Achtsamkeit besiegt Angst und Erstarrung. Im Kleinen und Einfachen strahlt das Eigentliche durch.

Es beginnt schon am Morgen: Sich achtsam zu waschen bedeutet nicht nur alle Bereiche des Körpers zu reinigen. Wenn ich achtsam wahrnehme, was Waschen ist, dann reinige ich mich auch von allen Trübungen der Projektionen, die andere auf mich werfen, von den Trübungen meiner eigenen Selbstbilder. Ich wasche das Unklare ab, damit das klare und ursprüngliche Bild, das Gott sich von mir gemacht hat, zum Vorschein kommt, damit ich durchlässig werde für die Schönheit, die in mir erstrahlen soll.

Und wenn ich achtsam meinen Weg gehe, erlebe ich, was gehen auch heißen kann: Auswandern aus Abhängigkeiten, weitergehen auf meinem Weg der inneren Wandlung und zugehen auf das Ziel meines Lebens.

Alle Tätigkeiten, die ich achtsam verrichte, werden sich mir in ihrem wahren Sinn erschließen. Und ich werde die Menschen und die Dinge um mich herum anders und tiefer wahrnehmen. Ich werde sie achten. Und schließlich werde ich mit wachen Augen das Eigentliche in allen Dingen sehen.

Alleinsein genießen

Wer nie allein ist, kennt die Freude des Alleinseins nicht.« Der Sufi-Weise Hazrat Inayat Khan sagt das. In Gesprächen höre ich oft etwas anderes. Da klagen viele: »Ich fühle mich so allein. Niemand kommt zum Besuch. Ich habe keinen, mit dem ich mich austauschen könnte.« Alleinsein wird zu einer Quelle des Leids.

Es gibt allerdings auch die andere Sicht. Wenn ich mein Alleinsein bewusst wahrnehme, kann ich es auch genießen. Es liegt nur an der Sichtweise. Ich kann bedauern, dass jetzt niemand für mich da ist. Ich kann mich aber auch freuen, dass ich jetzt ohne Störung von außen bin, dass jetzt niemand etwas von mir will, keiner an mir zerrt und niemand Ansprüche an mich anmeldet. Wenn ich meine Situation so sehen kann, fühle ich mich frei. Ich kann aufatmen. Ich kann die Stille genießen und den Frieden, der aus der Stille kommt und mich umgibt. Das deutsche Wort »allein« kann man – so schlägt es der Psychologe Peter Schellenbaum vor – auch als »all-eins« verstehen. Schellenbaum meint, es sei doch herrlich, in diesem Sinn allein, mit allem eins zu sein. Im Alleinsein erahne ich etwas von der Ursehnsucht des Menschen, aus der Vielheit in die Einheit zu gelangen, eins zu sein mit sich und mit Gott, eins zu sein mit den Menschen und mit der Welt. Wer so eins ist mit allem, der nimmt die Wirklichkeit wahr, wie sie ist. Er kommt ihrem Geheimnis auf die Spur. Er erkennt, was die Wirklichkeit im Tiefsten zusammenhält.

Die Ursache des Unglücks

Jeder Mensch strebt danach, glücklich zu sein. Doch je mehr er darauf fixiert ist, unter allen Umständen glücklich zu sein, desto weniger wird er es. Der chinesische Weise Chuang-Tzu sagt: »Glück ist die Abwesenheit des Strebens nach Glück.« Glücklich bin ich in dem Augenblick, in dem ich im Einklang bin mit mir, in dem ich mich selbst vergessen kann. Ich strebe dann nach nichts. Ich bin einfach da. Ich bin frei von allen Zwängen, von allem Druck, etwas erreichen zu müssen. Heute gibt es viele Bücher über das Glück. Zugleich hat man den Eindruck, dass die Menschen noch nie so unglücklich waren wie zu unserer Zeit. Der amerikanische Sozialphilosoph Eric Hoffer ist ganz nah bei Chuang-Tzu, wenn er die Ursache dafür gerade in der übertriebenen Suche nach Glück sieht: »Die Suche nach Glück ist eine der Hauptursachen des Unglücks.« Viele meinen, Glück könne man machen oder irgendwo finden, auf einer schönen Reise, an einem Wellness-Wochenende oder im sportlichen Erfolg. Doch das Glück sollen wir nicht irgendwo außerhalb unserer selbst suchen. Es ist schon in uns. Wir müssen bloß in uns hineinschauen und dort den Reichtum unserer Seele entdecken. Es ist in uns, wenn wir Ja sagen zu uns selbst, wenn wir dankbar sind für unser Leben und für die tausend kleinen Dinge, die uns täglich geschenkt werden.

Amen des Universums

Manchmal spüren wir in uns eine Liebe, die zu allem strömt, was ist. In ihr fühlen wir uns mit allem eins. Novalis hat diese Erfahrung im Blick, wenn er sagt: »Die Liebe ist das Amen des Universums.« Die Liebe erfüllt das ganze Universum. Sie strömt uns aus einer schönen Blume entgegen. Sie begegnet uns in der Schönheit der Berge. Johannes vom Kreuz redet die Berge so an: »mein Geliebter«. Sie waren für ihn verdichtete Liebe. Amen heißt Bejahung. In der Liebe bejaht sich das Universum selbst. Und in der Liebe sagt das Universum Ja zu uns Menschen. Wer sich der mütterlichen Erde überlässt, indem er sich auf eine blühende Frühlingswiese legt, der fühlt dieses Amen des Universums. Er fühlt sich von Liebe durchdrungen und umgeben. Die Sonne erfüllt ihn mit Liebe, der Wind streichelt liebevoll seine Wangen. Und alles Tönen der Natur macht die Liebe für ihn hörbar.

Dankbar für alles

Der Babylonische Talmud verlangt vom Menschen, dass er nicht nur an das Gute denke, sondern auch an das Schlechte, das ihn in seinem Leben getroffen hat: »Der Mensch muss für das Schlechte, das ihn trifft, Gott ebenso danken wie für das Gute.« Dankbarkeit kommt von denken. Dankbar kann in der Tat nur sein, wer zu denken versteht. Wenn ich meine Gedanken auf das richte, was Gott mir geschenkt hat, dann bin ich im Gedenken an mein Leben dankbar. Undankbar ist der, der nicht der Gaben gedenkt, die er empfangen hat, der nicht stehen bleibt, um der Geschichte seines Lebens zu gedenken. Wenn ich für alles danken kann, was mir geschieht, dann ändern sich meine Gedanken. Das Schlechte ruft dann keine Gedanken mehr in mir hervor, die mich unzufrieden machen und mich quälen. Vielmehr verwandelt die Dankbarkeit mein Denken. Ich erkenne auch im Schlechten, das mir widerfahren ist, einen Sinn. Ich erahne, dass mich das stärker macht.

Jugendwahn

Jeder möchte heute jung, vital und schön sein und möglichst jung, vital und ohne Falten bleiben. C. G. Jung, der Schweizer Therapeut, nennt das eine Kulturlosigkeit: »Ein Alter, welcher auf das Geheimnis der Bäche, die von Gipfeln in Täler rauschen, nicht zu lauschen versteht, ist sinnlos, eine geistige Mumie, welche nichts ist als erstarrte Vergangenheit. Er steht abseits von seinem Leben, maschinengleich sich wiederholend bis zur äußersten Abgedroschenheit. Was für eine Kultur, die solcher Schattengestalten bedarf!« Dieselbe Gesellschaft, die das Ideal der Jugend so hoch hält, wird zugleich immer älter. Das Anpreisen ewiger Jugendlichkeit wirkt geradezu grotesk in einer Zeit, in der es immer mehr Alte gibt und immer weniger Junge.

Der Arzt Manfred Lütz hat den zur Zeit herrschenden Jugendkult einmal »eine erfolgreiche Massenveranstaltung zur Herstellung einer unglücklichen Gesellschaft« genannt – und hinzugefügt: »Eins ist sicher: Wer richtig gerne alt ist, hat länger Spaß am Leben.« Recht hat er!

Ausgesöhnt

Mein alter Novizenmeister, ein wahrhaft spiritueller Mensch, sagte mir einmal, er habe nie gedacht, dass Altwerden so schwer sei. Er war Organist. Doch im Alter machten seine Finger nicht mehr mit. Aber als er akzeptiert hatte, dass er nicht mehr virtuos an der Orgel spielen konnte, bekam sein Musizieren eine neue Qualität. Täglich improvisierte er nach dem Mittagessen, wenn er sich allein in der Kirche wähnte. Es waren leise Töne. Doch allmählich sprach es sich herum. Einige Musikliebhaber setzten sich in versteckte Winkel der Kirche und lauschten seinen Tönen. Sie waren so durchsichtig und zart, dass sie die Seele beruhigten und beflügelten. Etwas Leichtes und Reines strömte den Hörern entgegen. Das tat ihrer Seele gut.

Das Alter rückt die Maßstäbe zurecht: »Früher habe ich es gehasst, älter zu werden, weil ich dachte, ich könnte dann all die Dinge nicht mehr machen, die ich tun wollte. Jetzt wo ich älter bin, stelle ich fest, dass ich sie gar nicht tun möchte.« Das ist der Satz eines achtzigjährigen Mannes, der sich ausgesöhnt hat mit seinem Alter. Es geht ihm nicht mehr darum, alles zu machen, wozu er Lust hat. Er hat gespürt, worauf es eigentlich ankommt. Vieles, worum wir uns Sorgen machen, ist tatsächlich nicht so wichtig. Das Alter verweist uns auf das Wesentliche.

Ida Friederike Görres sieht im Alter die Aufgabe, denjenigen Menschen, die noch in der Hitze und Hast des Tages strampeln, »lächelnd den Abstand zu zeigen«. Sie versteht das Alter »weniger als Ernte des Lebens, denn als Auftrag, allmählich den Vorhang von der Schwelle des neuen Lebens wegzuziehen«. Der alte Mensch hebt den Vorhang auf, der über allem liegt. Er hat uns allen etwas Wichtiges zu zeigen: Er lenkt unseren Blick auf das Wesentliche und auf das neue Leben, das uns im Tod erwartet.

Schweigen ist Gold

Alle Weisen preisen den Wert des Schweigens. Ein Sprichwort weiß: »Reden ist Silber, Schweigen ist Gold.« Mit Reden kann ich viele Probleme lösen. Doch wer zu schweigen vermag, kommt mit dem Goldglanz der eigenen Seele in Berührung. Es gibt Menschen, die ständig reden müssen. Sie begegnen sich und dem Goldkern in sich niemals. »Schweigen ist der Anfang der Weisheit«, sagt Schlomo Ibn Gewirol. Schweigen führt zu einem neuen Wissen: Ich schaue in mich hinein, ich sehe die Wirklichkeit, wie sie ist, ich verstelle sie nicht mehr mit Worten. Wer schweigt, wird weise. Er weiß mehr. Er sieht auf das Wesentliche.

Friedrich Nietzsche hat den Wert des Schweigens am eigenen Leib erfahren. Er war oft mit sich allein. Aber gerade im Schweigen kamen ihm die wichtigsten Einsichten: »Der Weg zu allem Großen geht durch die Stille.« Die Stille, so sagen die frühen Mönche, klärt das Trübe in uns. So wie der gute Wein lange stehen muss, damit die Trübungen sich klären, so bedürfen wir der Stille, damit sich aller innere Schmutz setzen kann. Und nur wenn wir klar sehen, erkennen wir das Wesen der Dinge. Nur aus solcher Stille kann Großes hervorgehen. Da entdecken wir Neues. Wir sagen nicht nach, was alle anderen auch sagen. Wir kommen mit dem Sein selbst in Berührung. Und so geht uns auf, worum es eigentlich in unserem Leben geht.

Zaun der Weisheit

*B*escheidenheit ist der Zaun der Weisheit,« sagt ein jüdisches Sprichwort. Das ist keine Haltung unterdrückter Kleingeister. Im Gegenteil. Wer sich bescheidet mit dem, was Gott ihm beschieden hat, der ist wahrhaft weise. Er weiß mehr. Er versteht sich selbst und steht daher auf festem Boden. Er schielt nicht nach anderen, sondern er ist frei, in die Tiefe zu schauen, den eigentlichen Grund des Daseins zu erkennen. Weisheit kommt von Wissen und Wissen von Schauen (lat. vidi: ich habe gesehen). Bescheidenheit ist wie ein Zaun, der den Raum begrenzt, in dem ich Wahrheit erfahren und Wirklichkeit wahrnehmen kann. Nicht, wer nach allen Seiten Ausschau hält, wird weise, sondern wer den Grund allen Seins erkennt. Der Zaun der Bescheidenheit schützt den inneren Raum, in dem ich den Grund und das Geheimnis allen Seins schauen kann: Gott, der mir das Dasein schenkt, und der der eigentliche Reichtum meiner Seele ist.

*Wer loslässt,
wird reich*

*Was das Leben
wertvoll macht*

Das ist des Menschen Glanz

Gutes Leben ist immer maßvolles Leben. Und es ist nicht selbstverständlich, sein Maß zu finden. Denn, so sagt Aristoteles: »Die Natur des Begehrens ist unbegrenzt und die große Menge lebt nur, um es zu sättigen.« Wir haben in uns die Tendenz, alles maßlos zu betreiben. Wer vom Sport fasziniert ist, gerät in Gefahr, ihn ohne Maß zu praktizieren. Wem das Essen gut schmeckt, der möchte immer mehr. Geld und Besitz haben die Tendenz, in uns eine maßlose Gier danach zu entfachen. Wir haben hohe Idealbilder von uns entwickelt und möchten nicht wahrhaben, dass unsere Realität diese Ideale nicht erreicht. Es ist schmerzlich, auch in der Selbsteinschätzung das rechte Maß zu wahren. Doch wir machen die Erfahrung, dass uns maßvolle Menschen anziehen. Wer hingegen das rechte Maß verloren hat, mit dem er sich selbst misst, macht auf uns einen eher peinlichen Eindruck. Er überschätzt sich selbst. Er meint, er würde mehr als alle anderen arbeiten. Doch wenn wir sein Maß prüfen, ist es eher bescheiden. Auf solche Menschen kann man sich nicht gut verlassen.

Abbas Poimen, Mönchsvater aus dem vierten Jahrhundert, sagt: »Es ist wie eine große Ehre, dass der Mensch sein Maß kennt.« Das macht den Glanz des Menschen aus, dass er sein Maß kennt und so lebt, wie es seinem Maß entspricht.

Einverstanden

*B*escheidenheit ist eine Zier, doch weiter kommt man ohne ihr«, sagt der Volksmund. Von Philosophen wird Bescheidenheit als Tugend gepriesen. Von der Mehrheit wird sie aber nicht geschätzt. Jeder will sich gut vermarkten und optimal verkaufen. Er soll Gutes tun, aber auch davon reden. So steht es in Büchern über Management. Marketing ist alles. Ist es wirklich alles?

Das Wort »bescheiden« kommt aus der Rechtssprache: Der Richter teilt mir etwas zu, er gibt mir einen Bescheid. Wer sich mit dem zugeteilten Anteil zufrieden gibt, der ist bescheiden. Menschen, die sich zu bescheiden wissen mit dem, was ihnen zugeteilt wird, gelten als einsichtsvoll, erfahren, verständig und klug. Bescheiden ist, wer einverstanden ist mit dem, was ihm zugeteilt wurde – an Gaben, an Anlagen, an Möglichkeiten. Er muss sich selbst nicht größer machen als er ist. Ihm genügt das, was er hat. Er hat es nicht nötig, gierig nach anderem Ausschau zu halten. Hier liegt der Grund für inneren Frieden und Glück.

Immer im Fluss

Wer nicht dankt für die Gnade, läuft Gefahr, dass sie aufhört; doch wer für sie dankt, fesselt sie mit ihren eigenen Stricken.« (Ibn Ata Allah) Aus diesen Worten spricht die Erfahrung, dass Dankbarkeit das gute Leben fördert. Wer nur genießen will, hat Angst, dass ihm das Gute bald entrissen wird. Deshalb muss er so gierig nach allem greifen. Wer aber dankt für das, was er geschenkt bekommt, der erfährt immer wieder Neues, für das er danken mag. Ja, Ibn Ata Allah meint, die Dankbarkeit würde die Gnade mit ihren eigenen Stricken fesseln. Das ist ein starkes Bild für die Erfahrung, dass die Gnade weiter fließt, wenn wir für sie danken. Wenn wir sie hingegen als selbstverständlich nehmen, versiegt sie. Der undankbare Mensch hat immer zu wenig. Es ist ihm nie genug, was er bekommt. Der Dankbare aber hat immer etwas, für das er danken kann. Bei ihm strömt das Leben. Die Dankbarkeit hält es im Fluss.

Besitz

Eine der klarsten Geschichten über Reichtum steht im Evangelium des Lukas. Lukas schreibt für den damaligen Mittelstand, für Großgrundbesitzer, Großhändler und Steuereintreiber, die es zu einem gewissen Wohlstand gebracht haben und die Interesse haben an Bildung und Philosophie. Eine Szene ist auch heute von hoher Aktualität. Da kommt ein Mann zu ihm, der sich über seinen älteren Bruder beschwert, er sei nicht bereit, sein Erbe mit ihm zu teilen. Wenn es ums Erben geht, zerstreiten sich auch heute Brüder und Schwestern. Dabei geht es nicht nur um die Verteilung des Geldes, sondern letztlich darum, wer mehr vom Vater oder von der Mutter geliebt worden ist, wer der eigentliche Lieblingssohn, die Lieblingstochter von Vater und Mutter war. Jesus weigert sich, als Richter und Schlichter aufzutreten, wie es damals die Schriftgelehrten durchaus taten. Er will die Menschen auf eine andere Ebene führen und die Augen der Zuhörer für das Eigentliche öffnen. Sie sollen sich über den Sinn ihres Lebens Gedanken machen. Und der Sinn des Lebens besteht nicht im Überfließen dessen, was man besitzt. Der Besitz verführt dazu, ihn festzuhalten, besessen und süchtig zu werden. Dann stockt das Leben. Überfließen kann nur das Leben, das von der Liebe geprägt ist, die austeilt, anstatt festzuklammern.

Man muss früh anfangen

Mit dem Alter ist es wie mit allem. Man muss früh damit anfangen, um darin erfolgreich zu sein.« Fred Astaire hat das gesagt und damit zum Ausdruck gebracht: Gut zu leben vermag nur, wer sein Älterwerden bejaht und die Chance des Alters nutzt. Statt an meiner Jugend so lange festzuhalten, wie es nur irgend geht, rät er, das Altwerden zu bejahen. Das heißt, dass ich bereit bin, loszulassen, Neues zu akzeptieren. Nur wer loslässt, bleibt lebendig. Schon der junge Mensch muss die Jugend loslassen, um erwachsen zu werden. In der Lebensmitte muss er manche Träume loslassen, die er sich vom Leben gemacht hat. Wenn er pensioniert wird, muss er seine Arbeit loslassen, mit der er sich identifiziert hat. Er muss andere Werte in sich entfalten, damit er lebendig bleibt.

Altwerden, das ist die Chance, reif zu werden. Sich mit einem Alten zu unterhalten, der wirklich weise ist, das tut allen gut. Altersweisheit ist wie ein mildes Licht, das auf unser Leben fällt. In diesem milden Licht wagen wir, unser Leben anzuschauen, wie es ist. Aber Altwerden geht nicht ohne Schmerzen. Es heißt sein Leben bewusst leben, es annehmen auch mit allen seinen schwierigen und schmerzhaften Aspekten. Wir müssen Abschied nehmen von der Illusion, dass wir uns immer in der Hand oder »im Griff« haben können.

Brunnen der Erinnerung

Worin besteht das Glück und die Weisheit des Alters? Vielleicht in der Erinnerung. Wer viel erfahren hat, hat Erfahrung. Wer sich gerne erinnert an das, was er erlebt hat, der bleibt lebendig. Er lebt nicht in der Vergangenheit. Vielmehr ist das Erlebte für ihn wie eine Quelle. Er bewässert die Gegenwart aus dem unausschöpflichen Brunnen des Gedächtnisses. Die Gegenwart wird auf diese Weise relativiert. Der alte Mensch erkennt, was wirklich wichtig ist im jetzigen Augenblick. Gelassen kann er auf die hitzigen Diskussionen schauen. Seine Erinnerung an früher gibt ihm die Fähigkeit, die Dinge zurechtzurücken. Und sie ermöglicht es ihm, sich von der heutigen Hektik zurückzuziehen. Wenn Schmerzen ihn drücken, bleibt ihm immer noch der Rückzug in das Reich der Erinnerung. Für den Dichter Jean Paul ist Erinnerung gar »das einzige Paradies, aus dem wir nicht vertrieben werden können«. Selbst wenn wir in der Hölle der Verlassenheit oder des Gekränktseins stecken, können wir uns in das Paradies der Erinnerung flüchten. Und niemand kann uns daraus vertreiben.

Im Festglanz der Welt

*D*er, der weiß, dass er genug hat, ist reich« (Tao Te King): Der wahre Reichtum ist das Sichbegnügen mit dem, was man hat. Dann kommt man wirklich zur Ruhe. Jesus verweist uns auf den inneren Reichtum der Seele. Er spricht vom Schatz im Acker und von der kostbaren Perle. Wer sie besitzt, der ist glücklich. Der Schatz im Acker ist das eigene, das wahre Selbst, das ursprüngliche Bild, das Gott sich von uns gemacht hat. Dieses innere Bild vergleichen die Mönche mit dem Saphir. Es spiegelt den Glanz und die Herrlichkeit Gottes wider. Wer diese Perle in sich gefunden hat, für den leuchtet die ganze Welt. Elie Wiesel formuliert es so: »Im Festglanz erscheint die Welt denen, die sie wunschlos betrachten.« Nur wer das Ego mit seinen unersättlichen Bedürfnissen loslässt, der findet seinen wahren Kern und für den erscheint die ganze Welt glänzend und herrlich. Er will die Schönheit der Welt nicht für sich. Er steht staunend vor ihr, ohne sie für sich zu vereinnahmen.

Dankbarkeit verwandelt

Im Orient erzählt man sich die Geschichte von einer Palme, in deren Krone ein böser Mensch einen schweren Stein gelegt hat. Der Stein zwang sie, ihre Wurzeln tiefer in die Erde zu graben. Als der böse Mann nach einem Jahr wiederkam, da überragte diese Palme alle anderen.

Ähnlich verhält es sich mit der Dankbarkeit. Sie verwandelt das, was andere mir antun, in eine Herausforderung. Sie hilft mir, auch in schwierigen Situationen des Lebens zu wachsen und meine Wurzeln tiefer zu graben. Sie gibt mir die Kraft, mich nicht auf Lob und Tadel zu gründen, sondern letztlich auf Gott.

Ein Segen für andere

Es gibt eine Zufriedenheit mit dem eigenen Leben und mit dem, was ich tue, die zum Segen für andere wird. Von dieser Zufriedenheit sagt Mutter Teresa: »Wunder geschehen nicht, wenn man etwas Bestimmtes tut, sondern nur, wenn wir dabei glücklich und zufrieden sind, eine bestimmte Sache zu tun.« Wer das, was er tut, in innerem Frieden tut, der wird Segen verbreiten. Wer dem anderen hilft, ohne mit sich selbst im Frieden zu sein, dessen Hilfe wird beim anderen nicht gut ankommen: Der wird die innere Zerrissenheit des anderen wahrnehmen und sich davor hüten. Während die Zufriedenheit Mutter Teresa als Bedingung wahren Helfens gilt, betrachtet Gretta Brooker Palmer sie als Folge des Helfens: »Zufriedenheit ist ein Nebenprodukt der Bemühung, jemanden glücklich zu machen.« Wer sich selbst gegenüber so frei ist, dass er den anderen glücklich machen möchte, der findet inneren Frieden mit sich selbst. Der freut sich am Glück des anderen. Das macht ihn zufrieden.

Wahre Zufriedenheit

Besitz ist nicht nur eine persönliche Frage von Freiheit und Zufriedenheit, sondern auch eine politische Frage. Der Weltfriede wird in Zukunft vor allem davon abhängen, ob ein gerechter Ausgleich der Güter gelingt. Nur wenn wir bereit sind, die Güter miteinander zu teilen, wird in unserem Land, wird in der ganzen Welt Friede möglich. Lassen wir uns die Augen öffnen, damit wir heute Wege finden, wie wir mit den Gütern dieser Welt umgehen können, ohne in romantische Träumereien, in weltfremde Utopien oder in moralisierende Besserwisserei zu geraten. Nur wer vor Gott reich ist, wird seinen äußeren Reichtum auch mit anderen teilen. Wer sich vom Besitz her definiert, wird sich an ihm festklammern. Wir brauchen die innere Freiheit, damit wir mit allem, was wir verdienen, den Menschen und letztlich dem Frieden dienen, dass wir unseren Verdienst in den Dienst des Lebens stellen. Erst dann wird wahre Zufriedenheit möglich sein. Ähnlich sieht es der große chinesische Gelehrte Konfuzius: »Wer für das Wohl eines anderen sorgen möchte, hat damit auch schon für sein eigenes gesorgt.« Wir sind mit dem anderen Menschen so tief verbunden, dass wir das, was wir ihm Gutes tun, letztlich auch uns selbst tun. Wenn wir das Wohl des anderen im Blick haben, geht es auch uns gut. Wenn unser Helfenwollen von einem schlechten Gewissen herrührt, dann wird es nicht zum Segen. Denn wir wollen dann nicht das Wohl des anderen, sondern nur unser schlechtes Gewissen beruhigen. Aber der Friede, der in mir ist, kommt auch zum anderen. Zufrieden ist der, dessen Herz offen ist für den Frieden. Der Friede kann aus uns selbst kommen, wenn wir Ja sagen zu uns selbst. Er kommt aber oft genug vom anderen auf uns zu, wenn wir auf dessen Wohl bedacht sind und erfahren dürfen, dass er seinen Frieden gefunden hat.

*Freude
macht lebendig*

*Innere Weite
und Entfaltung*

Die beste Medizin

Dass Gesundheit zu einem guten Leben nötig ist, sieht jeder ein. Doch heute ist sie bei vielen an die Stelle der Religion getreten. Häufig wird sie als das höchste Gut schlechthin angesehen. Alle Anstrengungen kreisen dann nur darum, möglichst gesund zu leben. Doch wer die Gesundheit zur Religion erhebt, dem kommt sie abhanden. Die griechischen Ärzte wussten, dass Gesundheit das Ergebnis anderer Werte ist: Wer seiner Natur gemäß lebt, der lebt gesund. Zur Natur des Menschen gehört es aber auch, über sich hinaus und auf Gott zu blicken als auf den höchsten Wert. Daher ist die Religion für die Medizin der Antike ein wichtiger Weg zur Gesundheit. Aber selbst wenn man alle gesunden Wege geht – gesunde Lebensführung, gesunde Ernährung, gesunde Lebenseinstellung, gesunde Spiritualität –: Eine Garantie für die Gesundheit gibt es nicht. Sie ist kein Rechtsgut, das uns zusteht. Sie ist immer auch ein Geschenk. Und unser Leben kann immer wieder durchkreuzt werden von Krankheit und von der Erfahrung von Schwäche und Hilflosigkeit. Wer sich nur um seine Gesundheit sorgt, der wird sie bald verlieren, das weiß schon der Babylonische Talmud: »Sorge tötet die stärksten Menschen.« Und umgekehrt sagt die Bibel: »Ein fröhliches Herz ist eine gute Medizin.« (Spr 11,12)

»Die ständige Sorge um die Gesundheit ist auch eine Krankheit«, sagt der griechische Philosoph Platon. Manche Menschen suchen in Kursen und Diätbüchern nach der richtigen Ernährung, nach der gesunden Lebensweise. Es ist gut, wenn wir unsere Gesundheit als hohes Gut schätzen und uns überlegen, was uns wirklich gut tut. In Anlehnung an Platon könnte man aber auch sagen: Das ständige Aussein auf Glück ist Unglück. Der Arzt und Therapeut Manfred Lütz hat dazu ein aktuelles und bissiges Buch geschrieben. Es handelt von der Unfähigkeit zur Lebenslust, die als Jagd nach Lebenslust daherkommt, und trägt den provozierenden Untertitel: »Wider die Diät-Sadisten, den Gesundheitswahn und den Fitness-Kult«. Er spricht sicher vielen aus der Seele, wenn er den übertriebenen Kult um den eigenen Körper lächerlich macht: »Alle Bodypropheten und Gesundheitsapostel haben den Spaß im Mund, die Verheißungen unendlichen Vergnügens, den endgültigen Fun. Die Berge kreißen und heraus kommen Waschbrettbäuche, braun gebrannte Zombies und geliftete Tanten. Ich protestiere: Im Namen der Lust am Leben.«

Die ununterbrochene Suche nach Vergnügen bringt nur Enttäuschung. Die Sorge um Gesundheit, die Suche nach Glück, das Streben nach Freude muss immer mit Maß geschehen. Und ich muss immer damit rechnen, dass ich auf dem Weg zur Gesundheit auch Krankheit erfahre, auf dem Weg zum Glück auch Unglück und auf dem Weg zur Freude auch Trauer. Nur wenn ich immer beide Pole berücksichtige, kann meine Suche nach Glück gelingen.

Ein fröhliches Herz

Mutter Teresa hat die Herzen vieler Menschen auf der ganzen Welt berührt. Viele haben sich gefragt: Woher nimmt diese kleine Frau ihre Kraft, ihre Begeisterung und ihre Fröhlichkeit angesichts des Leidens, dem sie täglich so hautnah begegnet? Sie selber hat ihre Antwort gegeben: »Ein fröhliches Herz entsteht normalerweise nur aus einem Herzen, das vor Liebe brennt.« Weil ihr Herz vor Liebe brannte, war es immer fröhlich. Liebe ist nicht zuerst ein moralisches Postulat. Wenn wir uns zwingen, zu lieben, fühlen wir uns überfordert. Die Liebe, die von uns Besitz ergreift, lässt das Herz brennen. Sie ist eine göttliche Kraft, ein Feuer, das uns wärmt und uns entzündet. Liebe und Freude haben eines gemeinsam: beide öffnen das Herz und beide lassen es weit werden. Und nur in einem weiten Herzen kann Freude einziehen. Denn die Freude braucht immer einen weiten Raum, um sich entfalten zu können.

Freundlichkeit weckt Leben

Wenn ich in ein Geschäft gehe, um etwas zu kaufen, bin ich dankbar, wenn eine freundliche Verkäuferin mich bedient. Ich spüre sehr schnell, ob die Freundlichkeit aufgesetzt ist und nur der Verkaufsförderung dient, oder ob sie echt ist. Ein freundlicher Mensch tut mir gut. In seiner Nähe fühle ich mich wohl. Von ihm geht etwas Liebenswürdiges und Heiteres aus, und ich fühle mich geachtet und wahrgenommen. Abraham J. Heschel hat die Erfahrung gemacht, dass ihm gerade im Alter freundliche Menschen gut tun: »Als ich jung war, verehrte ich kluge Menschen. Nun, da ich alt bin, verehre ich freundliche Menschen.« Der freundliche Mensch beurteilt den anderen nicht. Er wendet sich ihm freundlich zu, er lächelt ihn an, er weckt in ihm neues Leben. Freundlichkeit bringt uns in Berührung mit unserer eigenen Freude und Heiterkeit, mit der inneren Leichtigkeit unserer Seele. Sie steckt an. Und sie strahlt zurück. Sie tut allen gut.

Genießen und Verzichten

Jahrelang war die Askese geradezu tabu. In den letzten Jahren hat sie eine wahre Auferstehung erlebt. Es ist eine Erkenntnis der Soziologie, dass es keine Elite gibt ohne Askese. Und die wirklichen Eliten haben immer asketisch gelebt. Angesichts der wachsenden Umweltzerstörung hat Carl Friedrich von Weizsäcker für unsere Gesellschaft eine asketische Lebensweise gefordert – Wegwerfmentalität und grenzenlosen Konsum könnten wir uns nicht mehr leisten. Manchen klingt solche Forderung nach Askese moralisierend: Sie schrecke nur ab, hört man bisweilen. Bei den alten Griechen hingegen – durchaus ein Volk, das genießen konnte – war die Askese eine angesehene Haltung. Askese heißt Übung, Training. Die Sportler brauchten sie, um Höchstleistungen zu erbringen. Die Soldaten mussten Askese üben für den Kampf. Die Askese des Sportes und des Kampfes war den Philosophen Vorbild für die Askese als Training zur inneren Freiheit. Vor allem die stoische Philosophie hat die Selbstbeherrschung, die innere Gelassenheit und Unerschrockenheit, als Ideale menschlicher Selbstwerdung gepriesen.

Wenn ich mich darauf beziehe, geht es mir nicht darum, eine asketische Lebensweise zu fordern, weil wir uns keine andere mehr leisten können. Ich will vielmehr Lust machen auf Askese. Sie ist die Voraussetzung dafür, dass wir das Leben genießen können, dass wir selber leben, anstatt von unseren Bedürfnissen gelebt zu werden. Entscheidend dabei ist die innere Grundhaltung. Und die müsste von Freude, Lust, Freiheit und Liebe geprägt sein. Anthony de Mello bringt ein Beispiel aus der indischen Weisheit: »Nichts ist gut oder schlecht, solange es nicht das Denken dazu macht«, sagte der Meister. Als er gebeten wurde, das näher zu erklären, sagte er: ›Ein Mann hielt fröhlich sieben Tage in der

⁓ 256 ⁓

Woche ein religiöses Fastengebot ein. Sein Nachbar verhungerte bei der gleichen Diät.«

Was damit gemeint ist: Wenn Askese nicht mit echter Freude geübt wird, raubt sie uns die Lebendigkeit. Wenn aber die Freude am Leben uns zur Askese treibt, dann führt sie uns in die innere Freiheit, zur Lust am Leben und in eine Lebendigkeit hinein, die ansteckt und auch anderen hilft. Von den Umständen hängt also alles ab, nicht von einem Dogma. Nur wer frei ist, ist lebendig.

Arbeite und sei nicht traurig

Es gibt Menschen, die Lust an der Arbeit haben und denen die Arbeit einfach nur Spaß macht. Die Regel ist das nicht. Dichter warnen immer auch davor, sich hinter der Arbeit zu verschanzen und sich auf diese Weise vom Leben zu trennen. Robert Walser hat diese Gefahr der harten Arbeit gesehen: »Wer hart arbeiten muss oder überhaupt in einem hohen Maße tätig ist, der ist für die Freude verdorben, der macht ein mürrisches Gesicht, und alles, was er denkt, ist einfach und traurig.« Zuviel Arbeit kann also zu Traurigkeit und Missmut führen. Dagegen steht das klassische Wort, das der hl. Benedikt zu dem Goten sprach, der so ungestüm das Unkraut mit seiner Hacke behandelte, dass sie ihm in den See fiel. Benedikt hält den Stab in den See und die Hacke taucht wieder auf und fügt sich von neuem an den Stab. Den gibt der Heilige seinem Mitbruder, der wohl viel Muskelkraft, aber wenig Achtsamkeit mitbrachte, mit den Worten zurück: »Arbeite und sei nicht traurig.« Für Benedikt ist die Arbeit also ein Weg, der zur Freude führt.

Eine alte Krankheit

»Workoholism« ist ein neues Wort für eine alte Krankheit. Schon Johann Wolfgang von Goethe warnte vor der Verstrickung in ständiges Tätigsein, wie es heute viele Arbeitssüchtige auszeichnet. Die Arbeitssüchtigen arbeiten zwar viel, aber es kommt nichts dabei heraus. Denn sie haben keinen Abstand zu ihrer Arbeit. Sie müssen immer etwas zum Arbeiten haben, um sich und dem Leben auszuweichen. Goethe drückt das so aus: »Unbedingte Tätigkeit, von welcher Art sie sei, macht zuletzt bankerott.« Wer sich nur der Arbeit widmet, der hat zuletzt nichts vom Leben. Er macht schließlich bankrott, es wird ihm – wie das Wort banca rotta sagt – sein Tisch zerschlagen. Er hat verlernt, das Essen und das Leben zu genießen. Schließlich wird ihm der Tisch entzogen, an dem er mit anderen Mahl halten und sich des Lebens erfreuen könnte. Bestimmt kein Weg zum guten Leben!

Weisheit zum Stolpern

Der Philosoph und Aufklärer Moses Mendelssohn hat einen Satz gesagt, über den ich gestolpert bin: »Solange wir die auferlegten Pflichten nicht erfüllt haben, können wir nicht glücklich sein.« Als ich diesen Satz las, ärgerte er mich zuerst. Doch als ich mich näher mit ihm beschäftigte, ging mir seine Weisheit auf. Heute wollen viele Menschen glücklich sein. Sie suchen irgendwo draußen das Glück. Aber manchmal gehen sie vor lauter Glücksuche dem Leben aus dem Weg. Dann aber werden die unerledigten Dinge sie davon abhalten, inneren Frieden zu finden. Das Leben hat seine Pflichten: den Haushalt besorgen, die nötige Arbeit tun, für die Familie sorgen. Nur wer sich diesen Pflichten stellt, ohne dass er sie als Zumutung empfindet, der wird zufrieden und kann so etwas wie Glück erleben. Die Pflichterfüllung allein macht noch nicht glücklich. Aber sie kann eine Voraussetzung dafür sein, dass sich dann irgendwann Glück einstellen wird.

Liebe schafft Gemeinschaft

Freundlich und barmherzig – gegen sich und andere

Berührt und verzaubert

In jedem von uns steckt die Sehnsucht, zu lieben und geliebt zu werden. Jeder ist schon von der Liebe berührt und verzaubert worden. Doch haben viele auch Verletzungen erlebt, weil ihre Liebe nicht erwidert wurde oder weil sich in die Liebe Aggression und Kälte mischten. Ich möchte mich nur auf ein paar Weisheitssätze beschränken, die einige Aspekte dieses großen Geheimnisses erahnen lassen. Elie Wiesel, der das KZ überlebt hat, meint: »Das Gegenteil von Liebe ist nicht Hass, sondern Gleichgültigkeit.« Hass ist oft die Reaktion auf eine unerwiderte Liebe. Ich hasse nur einen Menschen, der mir wichtig ist. Hass ist ein genauso heftiges Gefühl wie die Liebe – und er kann auch wieder in Liebe verwandelt werden. Das eigentliche Gegenteil der Liebe ist die Gleichgültigkeit: Da verschließe ich mich, lasse niemanden an mich heran, bin kalt und unempfindlich. Ich wehre jede Liebe ab und weigere mich, einen anderen zu lieben. Der gleichgültige Mensch wird innerlich arm und leer.

Der Anfang der Liebe

Der freundliche Mensch zieht die Zuneigung auf sich«, weiß ein Sprichwort aus Kamerun. Der freundliche Mensch ist nicht nur eine Wohltat für andere – es geht ihm auch selbst gut. Ein unfreundlicher Mensch isoliert sich, er schafft sich in einem Klima der Aggressivität und Unzufriedenheit nur Feinde. Das Negative wirkt sich ebenso aus wie das Positive. Dem freundlichen Menschen begegnen auch die anderen freundlich: Sie erwidern, was er in die Welt ausgestrahlt hat. Mutter Teresa hat in dieser Freundlichkeit eine Konkretisierung der Botschaft Jesu gesehen und ihre Mitschwestern aufgerufen: »Lächeln ist der Anfang der Liebe. Seid freundlich und barmherzig. Lasst niemand, der zu euch kommt, nicht besser und glücklicher wieder gehen.«

Den Hass weglächeln

Ein Spruch der Indianer lautet: »Du lächelst, ich lächle, so sind wir beide glücklich, aber tief drunten, im Innern ist Hass zwischen uns. Lass uns nicht zeigen, was wir innen fühlen füreinander. Lächeln wir weiter, bis wir unseren Hass hinweglächeln.« Das mag zunächst verwirren. Wir haben heute ein gutes Gespür für Stimmigkeit und Authentizität. Wir sollen uns nicht verstellen. Höflichkeit verstellt sich nicht. Sie weiß um die Verletzbarkeit des Menschen, und sie weiß auch um die Hassgefühle in uns. Um uns und den anderen vor solchen Gefühlen zu schützen, sind wir höflich. Doch wir hoffen, dass die Höflichkeit die Hassgefühle überwindet, dass sie nicht bloße Fassade bleibt, sondern all die Hindernisse eines menschlichen Miteinanders überwindet und uns einmal einander so zulächeln lässt, dass es uns mit der inneren Freude in Berührung bringt und alle negativen Gefühle aus uns vertreibt.

Atem der Freiheit

Thomas Merton schreibt: »Liebe lässt sich nur bewahren, indem man sie verschenkt. Ein Glück, das wir für uns allein suchen, ist nirgends zu finden, denn ein Glück, das sich verringert, wenn wir es mit anderen teilen, ist nicht groß genug, um uns glücklich zu machen.« Viele suchen in der Liebe das Glück. Sie sind glücklich, wenn sie sich geliebt fühlen. Doch die Liebe lässt sich nicht festhalten. Sie wird nur in mir fließen, wenn ich sie weiterverschenke, und zwar nicht nur dem, der mich liebt, sondern auch anderen Menschen. Sonst würde sie zu einem Egoismus zu zweit, zu einer Symbiose, die das Leben irgendwann ersticken lässt. Liebe, die mit vielen geteilt wird, ist der Weg zum Glück. Für mich ist es ein schönes Bild, dass ein Glück, das nicht mit anderen geteilt werden kann, zu klein ist, um uns wirklich glücklich machen zu können. Die Liebe setzt das weite Herz voraus. Und auch Glück atmet nicht Enge, sondern Weite und Freiheit. Ein Glück, das ich mit meiner Hand festhalten will, entgleitet mir. Glück will geteilt werden. Nur so wird es bleiben.

Vertieftes Erleben

Wenn einer in den Himmel hinaufstiege und die Natur der Welt und die Schönheit der Gestirne erschaute, so wäre doch der wundersame Anblick ohne Reiz für ihn; er wäre aber höchst erfreulich, wenn er nur einen hätte, dem er davon erzählen könnte.« So sagt es der römische Philosoph Cicero in seinem Buch »Laelius, über die Freundschaft«. Wir können zwar die Schönheit einer Landschaft wahrnehmen und genießen. Aber es drängt uns zugleich, die Schönheit einem anderen mitzuteilen. Gemeinsam durch eine schöne Gegend zu wandern, erhöht das Glück. Das Glück möchte man teilen. Wenn ich es nur für mich behalte, wird es schal. Manchmal genügt es, dem anderen zu zeigen, wie schön der Herbstwald in der Sonne leuchtet oder wie da hinter den Wolken ein Gipfel hervorlugt. Dann schauen die Freunde schweigend in die gleiche Richtung und bewundern das Geschaute. Ein andermal drängt es mich, das, was ich schaue, auch in Worte zu fassen. Das gemeinsame Ringen nach Worten vertieft das Erleben. Es teilen zu können, tut beiden gut.

Geteilte Erfahrungen

Zur Freundschaft gehört es, miteinander zu teilen, was jeder für sich erlebt und erkennt und spürt. Im Teilen wird das Erlebte dichter, tiefer, lebendiger. Und im Erzählen und Zuhören wächst die Freundschaft. In Zeiten des Unglücks und in Zeiten der Freude. So hat Buddha das Wesen der Freundschaft verstanden: »In dreifacher Hinsicht zeigt sich die Freundschaft: Man hilft einander, das Unheilsame zu überwinden, das Heilsame zu entfalten, und man verlässt einander nicht im Unglück.« Freunde zeigen sich in der Not. Aber nicht nur. Elie Wiesel erinnert an eine Weisheit des Chassidismus: »Die wahren Freunde erkennt man im Glück, denn nur sie sind nicht eifersüchtig, wenn ihr euch freut.«

Tapferkeit vor dem Freund

Die Schriftstellerin Ingeborg Bachmann spricht einen Mut an, der den meisten besonders schwer fällt: den Mut, auch vor Freunden und Bekannten zu sich selbst zu stehen. Was wir brauchen, so meint sie, ist »Tapferkeit vor dem Freund«. Oft trauen wir uns nicht, dem Freund zu widersprechen. Wir haben in uns den Wunsch nach Harmonie. Um die Freundschaft nicht aufs Spiel zu setzen, geben wir eher nach. Und manchmal verbiegen wir uns dabei. Mut aber ist das Gegenteil von jeder Verbiegung. Der Mutige steht. Eine Freundschaft hat nur Bestand, wenn die Freunde zu sich stehen – und auch einmal einander widerstehen. Es braucht die Tapferkeit vor dem Freund. Ich muss den Mut haben, ganz ich selbst zu sein, auch wenn der Freund es in diesem Augenblick nicht versteht.

Am besten

Ein indisches Sprichwort sagt: »Kümmere dich nicht allzu sehr um Fehler anderer Menschen, was sie getan und nicht getan. Wie du selber handelst, was du selber unterlässt – das solltest du viel mehr im Auge behalten.« Die Menschen sind sich überall gleich. Dementsprechend finden wir ähnliche Weisungen in allen Kulturen. Auch bei den christlichen Wüstenvätern des vierten Jahrhunderts gibt es vergleichbare Einsichten und Ratschläge. Ein Altvater pflegte zu sagen: »Ein Mönch soll nie zu wissen verlangen, wie dieser oder jener beschaffen sei: Solche Nachforschungen halten ihn nur vom Gebete ab und führen zu Ehrabschneidungen und Schwätzereien: Daher ist es am besten, ganz zu schweigen.«

Menschen können nur dann auf Dauer zusammenleben, wenn sie nachsichtig miteinander sind. Wenn einer dem anderen jeden Fehler vorwirft, wenn einer den anderen ausspioniert, um seine Schwachstellen zu entdecken, dann wird das Miteinander unmenschlich.

Leben wie wir können

Rigorismus und Härte gegen sich selber sind nicht gesund. Es gibt ein griechisches Sprichwort: »Wir sollen leben, nicht wie wir wollen, sondern wie wir können.« Hinter diesem Wort steckt die Weisheit der Barmherzigkeit sich selbst gegenüber. Unsere Ansprüche an uns selbst sind aber oft unbarmherzig: Wir wollen alles perfekt machen. Wir wollen den Nächsten ganz selbstlos lieben. Wir wollen nur für Gott da sein.

Doch wenn wir ehrlich ins eigene Herz schauen, dann sind da auch andere Gefühle, Bedürfnisse und Wünsche. Wir müssen uns verabschieden von den Illusionen, die wir uns über uns selbst machen. Es braucht die Barmherzigkeit mit uns selbst. Wir müssen uns eingestehen, dass wir nicht alles können, was wir wollen – es genügt schon, wenn wir so leben, wie wir können, und nicht, wie wir es uns ausgedacht und idealerweise vorgestellt haben.

Das schönste Wort

Helfen« sei das schönste Wort in der Welt, noch schöner als »lieben«. Die österreichische Schriftstellerin und Friedensnobelpreisträgerin Berta von Suttner hat das gesagt. Einem anderen zu helfen, ihn zu unterstützen, ihm beizustehen, darin zeigt sich echte Menschlichkeit. Marion Wright Edelmann geht sogar noch weiter: »Hilfsbereitschaft ist die Miete, die wir für unser Dasein bezahlen. Sie ist der Hauptzweck des Lebens'. Man sollte sie nicht mit einer Freizeitbeschäftigung verwechseln.« Dass wir einander lieben sollen, darüber sind sich alle Menschen einig. Aber oft bleibt die Liebe in der Idee stecken, sie drückt sich nicht im konkreten Miteinander aus.

Das Helfen ist die Konkretisierung der Liebe. Es ist oft wenig spektakulär und drückt sich in den kleinen alltäglichen Handlungen aus, die wie selbstverständlich erscheinen, dem anderen aber doch eine wichtige Hilfe sein können. Auch die englische Frauenrechtlerin und Autorin des 19. Jahrhunderts Harriet Martineau fordert die Erdung unserer idealisierten Vorstellungen von Liebe: »Eine Seele, die von großartigen Ideen beschäftigt wird, führt am besten kleine Pflichten aus.« Ähnlich formuliert es der Dichter William Blake: »Gutes tun heißt, es ganz konkret, in einer ganz bestimmten Minute zu tun.

Das Gute im Allgemeinen ist der Ausweg für Narren und Schurken.« Wir sind immer in Gefahr, über das Gute und über die Liebe zu diskutieren. Aber wir tun uns schwer, einfach danach zu handeln. Nutzen wir einfach die nächste Gelegenheit. »Es gibt nichts Gutes, außer man tut es!« (Erich Kästner)

Worte schaffen Wirklichkeit

Richtig zu loben ist eine Kunst. Es gibt nämlich auch ein Lob, das dem Menschen nicht gut tut. So sagt der jüdische Philosoph und Dichter Schlomo Ibn Gewirol: »Misstraue einem Menschen, der dir Gutes über dich erzählt, das gar nicht in dir ist.« Wenn das Lob zum Selbstzweck wird oder wenn der andere mir mit seinem Lob nur schmeicheln will, dann tut es mir nicht gut. Wenn jemand in mir etwas lobt, das ich gar nicht wahrnehme, dann verfolgt er damit andere Zwecke. Sein Lob möchte mich vereinnahmen.

In der deutschen Sprache ist Loben mit Lieben verwandt. »Liôb« ist die gemeinsame Wurzel. Und noch ein drittes Wort wird davon abgeleitet: glauben. Glauben heißt: das Gute im Menschen sehen. Das Lob benennt das Gute und spricht darüber. In der Liebe gehe ich gut mit dem anderen um, ich behandle das Gute, das ich im anderen sehe, in guter Weise. Und Lob ist letztlich Liebe in Worten ausgedrückt. Indem ich das Gute benenne, wird es stärker. Wenn ich einen Menschen lobe und das Gute anspreche, das ich in ihm sehe, ermögliche ich ihm, selbst daran zu glauben. Loben setzt das Gute, das es ausspricht, und lässt es wirklich werden. Worte schaffen Wirklichkeit. Wo gelobt wird, fühlen wir uns besser als dort, wo nur geschimpft wird. Der amerikanische Literatur-Nobelpreisträger Sinclair Lewis meinte einmal, der Snob würde an allem herumkritisieren, Loben hingegen sei hörbar gewordene Gesundheit. Ein Mensch, der Gott lobt für sein Leben, lässt die Menschen um sich herum seine Gesundheit spüren. Und es geht etwas Gesundmachendes von ihm aus. Gutes auszusprechen tut Leib und Seele gut.

Wie man lieben soll

Ähnlich wie die frühen Mönche schätzen die Chassidim, die frommen Juden, das Mitleid als eine der wichtigsten Tugenden des Menschen. Martin Buber hat uns wunderbare Geschichten aus dem Chassidismus überliefert. In einer dieser Erzählungen sagt Rabbi Mordechai: »Mein Sohn. Wer nicht fünfzig Meilen in der Runde die Schmerzen jeder Gebärenden verspürt, dass er mit ihr leide und für sie bete und ihr Linderung erwirke, verdient nicht, ein Zaddik genannt zu werden.« Und in einer anderen Geschichte erzählt Rabbi Mosche Löb: »Wie man die Menschen lieben soll, habe ich von einem Bauern gelernt. Der saß mit anderen Bauern in einer Schenke und trank. Lange schwieg er wie die anderen alle. Als aber sein Herz von Wein bewegt war, sprach er seinen Nachbarn an: ›Sag du, liebst du mich oder liebst du mich nicht?‹ Jener antwortete: ›Ich liebe dich sehr.‹ Er aber sprach wieder: ›Du sagst: ich liebe dich, und weißt doch nicht, was mir fehlt. Liebtest du mich in Wahrheit, du würdest es wissen.‹ Der andre vermochte kein Wort zu erwidern, und auch der Bauer, der gefragt wurde, schwieg wieder wie vorher. Ich aber verstand: Das ist die Liebe zu den Menschen, ihr Bedürfen zu spüren und ihr Leid zu tragen.«

Echte Liebe hat die Fähigkeiten, mit dem anderen zu fühlen, genau zu spüren, was ihm fehlt, und es gemeinsam mit ihm zu tragen. Diese Erfahrung kommt auch in einem Wort des indischen Weisen Tagore zum Ausdruck: »Derjenige, der Gutes tun will, klopft am Tor; derjenige, der liebt, findet das Tor offen.«

Wohl dem, der Heimat hat

Ein jüdischer Midrasch sagt: »Besser für den Menschen zu sterben, als aus seiner Heimat vertrieben zu werden.« Die Juden wussten, was Heimat ist. Verstreut in alle Welt, war es für sie umso wichtiger, um ihre Heimat zu wissen.

Auch Friedrich Nietzsche hat darum gewusst, keine Heimat zu haben. Die erste Strophe seines Gedichts »Vereinsamt« lautet:

»Die Krähen schrein
Und ziehen schwirren Flugs zur Stadt:
Bald wird es schnein, –
Wohl dem, der jetzt noch – Heimat hat!«
Die letzte Strophe wiederholt die Zeilen der ersten, doch schließt sie mit dem bangen Ruf:

»Weh dem, der keine Heimat hat!« Für Nietzsche kann die »Winter-Wanderschaft« nur bestehen, wer eine Heimat hat. Mit dem Bild der Winter-Wanderschaft umschreibt er unser modernes Lebensgefühl des Unterwegs-Seins: Es ist nicht das fröhliche Wandern der Romantik, sondern ein Wandern in winterlicher Landschaft, in Eiseskälte. Die Gefühle sind wie erfroren. Es blüht nichts mehr in unserem Leben. Da braucht es die Erfahrung der inneren Heimat, um in der Kälte unserer Welt bestehen zu können.

Voraussetzung des Glücks

Mit dem anderen Menschen mitfühlen und mitleiden, macht die Würde des Menschen aus. Mitleid ist ein Weg echter Menschlichkeit. Der buddhistische Lehrer Thich Nhat Hanh sagt: »Mitgefühl ist die einzige Energie, die uns helfen kann, mit einem anderen Menschen wirklich in Verbindung zu treten. Ein Mensch, der kein Mitgefühl in sich trägt, kann niemals wirklich glücklich sein.« Mitgefühl hebt die Isolierung der Menschen auf, schafft wirkliche Beziehung und adelt den, der es übt. Es ist die Bedingung, wirklich glücklich zu sein. Das klingt paradox: Denn wer mit dem anderen leidet, der fühlt dessen Schmerzen; der verlässt seine innere Ruhe, um beim anderen zu sein, um mit ihm zu fühlen. Das tut oft weh und wühlt einen tief auf. Dennoch – meint Thich Nhat Hanh – ist Mitfühlen die Voraussetzung des Glücks. Denn solange ich mich vor dem anderen verschließe, muss ich mein Glück in mir verschließen. Dann aber löst es sich in Nichts auf.

Selig die Sanftmütigen

Sanftmut ist kein modernes Wort. Es scheint antiquiert. Evagrius Ponticus, der Psychologe unter den frühen Mönchsvätern, sieht die Sanftmut als Zeichen des spirituellen Menschen. Wer durch Askese hart geworden ist, hat nichts von Spiritualität verstanden. Evagrius zeigt uns Mose als Vorbild, von dem es heißt, dass er sanftmütiger war als alle übrigen Menschen (Num 12, 3). Und er verweist uns auf Jesus, der von sich sagt, dass er sanftmütig sei (Mt 11, 29). Jesus selbst preist die Sanftmütigen selig: »Selig die Sanftmütigen, denn sie werden das Land erben.« (Mt 5, 5)

Das Wort »Sanftmut« kommt von »sammeln«. Sanftmütig ist der, der alle Bereiche seiner Seele in sich sammelt, der nichts, was er in sich vorfindet, verachtet oder gar ausschließt. Es braucht Mut, um alles, was in einem ist, zu sammeln und in sich zu vereinen. Es gibt da so manches in mir, was ich lieber nicht hätte, was ich lieber aussondern und wegwerfen würde. Doch ich sammle die Erfahrungen, die ich gemacht habe, die leidvollen und die freudigen, die wertvollen und die mir eher peinlichen, ich bewahre sie in mir. Alles gehört zu mir. Wer alles, was in ihm ist, sammelt und vereint, der ist auch zu anderen sanftmütig, der kann auch gut mit anderen Menschen zusammen sein. Er wird nicht schroff verurteilen, weil er auch in sich nichts verurteilt.

Der Sanftmütige versammelt Menschen um sich herum. Weil er in sich gesammelt ist, vermag er auch Menschen zusammenzuführen. Und es geht von ihm etwas Angenehmes aus, etwas Zartes, zu dem man sich gerne gesellt. Der Sanftmütige geht zart um mit den Menschen. Aber er ist trotzdem voller Kraft: Er hat ja alles, was in ihm steckt, gesammelt. Jetzt steht ihm alles zur Verfügung. Der Harte hingegen hat sich verschlossen, er ist wie ein Stein: Den ersten Hieben trotzt er, doch dann bricht er auseinander. Der Sanfte aber zerbricht nicht. Alles in ihm wirkt und hält zusammen. So kann er aus sich heraus auf Dauer effektiver und kraftvoller wirken. Sanftmut macht die Welt friedvoller und glücklicher.

Ein enges und ein weites Herz

Die jüdische Weisheit sagt vom Geizigen: »Der Geizige ist nicht Herr seines Reichtums, sondern der Reichtum ist der Herr des Geizigen.« Großzügig nennen wir dagegen einen freien Menschen, der gerne austeilt, der nicht kleinlich darüber wacht, dass er ja genug hat, sondern der das Seine mit den anderen teilt. Das Wort »großzügig« hat ursprünglich die Bedeutung, dass es jemanden zu Großem zieht und dass er im Großen zügig ist, d. h. schnell ist, dass er ohne etwas lange zu bedenken, Großes tut und Großes verteilt. Neben großzügigen Menschen fühlen wir uns wohl. Da wird unser Herz weit. Geizige Menschen dagegen hinterlassen bei uns einen bitteren Beigeschmack. In ihrer Nähe wird es uns selber eng ums Herz. Geizig ist der Mensch, der übertrieben sparsam ist. Aber ursprünglich kommt das Wort Geiz von Gier. Der Geizige ist gierig nach Reichtum. Ein Weg dazu ist, dass er nichts hergibt, sondern alles für sich behält. Doch der Geizige kann sich an dem nicht freuen, was er besitzt. Er muss es sogar vor anderen verstecken, aus Angst, andere könnten neidisch werden und ihm seinen Reichtum streitig machen.

Der griechische Redner Demokrit sagt von den Geizigen: »Die Geizigen sind mit den Bienen zu vergleichen. Sie arbeiten, als ob sie ewig leben würden.« Vor lauter Arbeit vergisst der Geizige das Genießen. Er ist weder fähig, das Seine für sich zu genießen, noch es mit anderen zu teilen. Wirklich freuen kann ich mich am Besitz nur dann, wenn ich auch mit anderen teile. Wenn ich für mich allein esse, empfinde ich weniger Freude, als wenn ich mit anderen Mahl halte und sie an meinen Gaben Anteil nehmen lasse. Der Geizige kennt nur Arbeiten und Sparen. Er vergisst dabei das Leben. Geiz engt das Herz ein. Der Großzügige hat dagegen ein weites Herz. Er will sein großes Herz mit anderen teilen und es für andere öffnen. Weil ihm das Herz wichtiger ist als die vielen Dinge, die er besitzt, kann er großzügig von seinem Besitz austeilen. Und in seinem großen Herzen haben viele Menschen Platz, die darin Liebe, Wärme und Trost finden.

Zuruf der Seele

Friedrich Hölderlin, unter den großen deutschen Dichtern für mich der wichtigste, hat die Quelle der Hoffnung im Heiligtum seiner Seele gesehen. »Ich habe so oft erfahren, wie ein Zuruf, der aus dem Heiligthume unserer Seele kam, in tiefer Betrübnis uns beglücken und neues Leben, neue Hoffnung schenken kann.«

In unserer Seele spricht die Hoffnung zu uns. Die Hoffnung gibt nicht auf. Sie hofft trotz widriger Umstände auf eine bessere Zukunft: Ich vertraue darauf, dass du eine gute Zukunft hast, auch wenn es dir momentan nicht gut geht. Ich hoffe, dass mein Leben gelingt, trotz der Krankheit und der Krise, die ich gerade durchlebe.

Immer mit der Ruhe

*Wenn
die Zeit still steht*

Eine Kunst, die gelernt sein will

Wer nicht genießen kann, wird ungenießbar« sagt ein Sprichwort. Das deutsche Wort »genießen« kommt eigentlich von »fangen, ergreifen«. Über das, was ich gefangen habe, kann ich verfügen. Da habe ich Nießbrauch. Es ist also ein Wort, das mehr vom Nutzen ausgeht und nicht von der Freude, die etwas vermittelt. Die Lateiner sprechen von »frui«. Und aus diesem Wort spricht mehr die Freude und die Lust an dem, was ich genieße. Genießen kann nur der, der sich Zeit lässt. Er bleibt stehen bei dem wunderbaren Anblick der untergehenden Sonne. Er genießt den Blick vom Gipfel, den er mühsam bestiegen hat. Und er genießt den guten Wein, indem er sich den Geschmack auf der Zunge zergehen lässt. Genießen braucht neben der Zeit auch Achtsamkeit. Ich bin ganz in dem, was ich tue. Ich bin ganz im Schauen oder im Schmecken. Wer die Nahrung herunter schlingt, der genießt nicht. Er sättigt sich nur, um wieder genügend Kraft zum Arbeiten zu haben. Genießen ist etwas anderes. Da spüre ich das, was ich esse oder trinke. Ich freue mich daran. Genießen will gelernt sein. Es ist eine Kunst. Und Menschen, die zu genießen verstehen, sind immer angenehme Menschen. Ihnen bereitet das Leben Freude und sie machen auch anderen Freude.

Lernt von der Schnecke

»Die Entdeckung der Langsamkeit« von Stan Nadolny ist binnen kurzer Zeit zum Kultbuch geworden. Gegenüber einer immer größeren Beschleunigung setzt er auf die Langsamkeit als Gegenkraft. Der langsame Mensch – so glaubt man – hat mehr vom Leben. Und so sieht es auch Günter Grass, wenn er schreibt: »Werdet gesättigt, nicht satt. Lernt von der Schnecke, nehmt Zeit mit.« Wer die Langsamkeit übt, der erfährt die Zeit nicht als Gegner, den er möglichst gut beherrschen muss, indem er sie gut managt. Er erlebt die Zeit als Geschenk. Er kann sie genießen. Aber wer die Langsamkeit absolut setzt, wird nicht mehr mitkommen mit der Zeit. Und wird seinen Arbeitsplatz verlieren. Schließlich braucht es beides: die Langsamkeit – die Verlangsamung der Zeit etwa in der Stille, in der Meditation, in der Liturgie, im persönlichen Umgang miteinander – und zugleich die Zeit, in der die Arbeit schnell geschieht, in der sie einfach aus mir herausströmt, rasch und effektiv. Die Spannung zwischen der langsam und der schnell vergehenden Zeit hält uns lebendig und im inneren Gleichgewicht. Wenn wir einen Pol absolut setzen, geraten wir entweder unter ständigen Zeitdruck (bei der Beschleunigung), oder wir verlieren die innere Spannung (bei der Verlangsamung).

Je hektischer, desto langsamer

»Wären wir ruhiger, langsamer, so ginge es uns besser, ginge es schneller mit unseren Angelegenheiten voran.« Robert Walser, der Dichter der leisen Töne, der sich schließlich aus der Welt zurückzog und seine letzten Lebensjahre in einer psychiatrischen Anstalt verbrachte, hat die Krankhaftigkeit unserer Alltagswelt scharfsinnig beobachtet: Je hektischer wir etwas angehen, desto langsamer finden wir die Lösung. Um ein Problem wirklich lösen zu können, braucht es inneren Abstand. Nur wer in sich ruht, ist kreativ genug, um etwas Neues in Gang zu bringen. Wer hektisch nur um die Probleme kreist, der wird betriebsblind. Vor lauter Kreisen verrennt er sich und sieht keinen Ausgang. Wer sich dagegen in aller Gelassenheit zurücklehnt und von einem inneren Abstand her die Dinge betrachtet, der kann wirksamer eingreifen. Wir wollen alles immer schneller machen. Und müssen doch immer wieder lernen: Wir brauchen innere Ruhe, um von unserer kreativen Mitte aus die Dinge gelassen anzugehen.

Reine Gegenwart

Die meisten Menschen hasten so sehr nach Genuss, dass sie an ihm vorbeirennen,« diagnostiziert Søren Kierkegaard und beschreibt so die Beschleunigung, die ins Leere führt. Es gibt eine Schnelligkeit, die uns am guten Leben hindert. In ihr verlieren wir die Fähigkeit, im Augenblick zu sein und das zu genießen, was wir gerade erleben. In Kursen übe ich mit den Teilnehmern manchmal bewusst die Langsamkeit ein. Ich lasse die Menschen in der Gebärde der Schale ganz langsam durch den Raum gehen. Sie sollen sich vorstellen, dass sie in ihrer Schale etwas Kostbares tragen, das sie nicht verschütten möchten. Und so gehen sie langsam vor sich her und erleben erst das Geheimnis, ganz im Augenblick. Diese einfache Übung wird für viele zu einer Erfahrung der reinen Gegenwart. Und wenn sie ganz im Augenblick sind, erleben sie das Leben in seiner ganzen Intensität. Sie erleben, dass ihr Leben gut ist.

Zeiten der Liebe

»Ein Herz, welches liebt, ist immer jung«, sagt ein griechisches Sprichwort. Alte Menschen, von denen Liebe ausströmt, machen auf uns den Eindruck von Lebendigkeit und Frische. Liebe hält jung. Aber lieben kann ich nicht in der Hektik des Alltags. Liebe braucht Zeit. Sie will gespürt werden. Wenn zwei Liebende auseinander gehen, stürzen sie sich nicht gleich in hektische Aktivitäten. Sie brauchen Zeit, der Liebe nachzuspüren, sie in ihrem Herzen zu verkosten. Christa Wolf schreibt: »Müßiggang ist aller Liebe Anfang.« Damit korrigiert sie das Sprichwort vom Müßiggang als aller Laster Anfang. Natürlich versteht sie unter Müßiggang etwas anderes als die Redensart, die Faulheit den Lastern zuordnet. Sie kommt damit dem römischen Ideal der Muße nahe: »Otium«, das war für die Römer das höchste Gut. Sie fanden für Arbeit kein passendes Wort, nur die Verneinung von otium, »negotium«, oder aber »labor« für »Mühe, Plage«. Die Muße ist der Raum des Aufatmens, der Freiheit. Dort kann die Liebe gedeihen.

Sabbat-Ruhe

Griechen und Römer schätzten die Muße hoch. Sie war die Voraussetzung, sich in philosophische Ideen zu vertiefen oder sich der Kontemplation zu widmen. Muße war die freie Zeit, die Gott dem Menschen gab, um über das Geschenk des Lebens nachzudenken. Die christliche Tradition hat die Ideen der griechischen Philosophie mit den Bildern der Bibel verbunden. Da ist einmal das Bild der Sabbatruhe Gottes. Gott ruht am siebten Tag aus. An dieser Sabbatruhe Gottes darf der Mensch teilhaben. Am Sonntag braucht er nicht zu arbeiten, da kann er sich dem Leben widmen. Ein anderes Bild war die Erzählung Jesu von Marta und Maria, den beiden ungleichen Schwestern. Maria hat den Teil der Muße, der Kontemplation, gewählt. Und dieser Teil ist für Jesus der gute Teil. In der Tradition hat man das oft mit »besser« übersetzt.

Der hl. Benedikt warnt jedoch vor Müßiggang. Muße ist etwas Aktives. Ich genieße die Zeit. Ich widme mich der Lesung, dem Gespräch oder der Meditation. Im Müßiggang weiß ich nicht, was ich tun soll. Er sagt: »Müßiggang ist der Seele Feind.« (RB 48,1) Einfach herumzuhängen, ohne etwas Sinnvolles zu tun oder ohne die freie Zeit für Lesung oder Meditation zu nutzen, ist für die Seele schädlich. Da verliert die Seele an Spannkraft. Das Sprichwort sagt: »Müßiggang ist aller Laster Anfang.« Das ist eher moralisch gedacht. Benedikt denkt psychologisch. Der Psyche tut es nicht gut, müßig zu sein. Muße zu pflegen ist eine eigene Kunst. In der Muße genieße ich die freie Zeit. Ich widme mich geistigen Tätigkeiten. Ich lese. Ich denke nach. Ich meditiere. Ich bin ganz im Augenblick. Solche Muße hat etwas Heilendes und Befreiendes. In ihr haben wir teil an der Sabbatruhe Gottes.

Eintauchen in andere Welten

Lesen ist keine Tugend. Und doch gehört es zu einem guten Leben. Im Lesen tauche ich ein in eine andere Welt. Für viele ist das Lesen ein Rückzugsort: Da stört sie niemand, da erleben sie eine Welt, die ihnen gut tut. Es ist nicht die Welt des Nutzens und der Zweckbestimmtheit, sondern eine Welt, in der die Seele beflügelt wird und in der sie Nahrung findet. Im Lesen begegne ich anderen Menschen, dem Autor mit seinen Gedanken und Gefühlen, aber auch vielen anderen, von denen er schreibt. Und im Lesen begegne ich mir selbst: Indem ich lese, verstehe ich mein eigenes Leben besser. Und ich sehe es in einem größeren Kontext. Das deutsche Wort »lesen« geht auf eine Wurzel zurück, die »zusammentragen, sammeln, verstreut Umherliegendes aufnehmen« bedeutet. Wir lesen nicht nur Bücher, sondern auch die Ähren oder Trauben bei der Ernte. Im Lesen sammle ich die verschiedenen Aspekte menschlichen Lebens. Es ist wie eine Ernte. Ich ernte die Gedanken anderer Menschen und früherer Zeiten, um mich davon zu nähren. Wer viel liest, wird belesen. Er kennt sich aus im Leben. Er ist gebildet, weil er sich mit anderen Erfahrungen konfrontiert.

Das Lesen selbst ist schon ein heilsamer Akt. Hier tauchen wir in eine andere Welt ein. Und die befreit uns von der oft bedrängenden und bedrohlichen Welt um uns herum. Sie relativiert das, was uns sonst umgibt an Härte, Enge und Unbarmherzigkeit. Lesend komme ich auch mit mir in Berührung, und das ist schon ein großer Wert, selbst wenn ich nicht viel von dem behalte, was ich gelesen habe. Im Augenblick des Lesens jedoch bin ich ein anderer. Da bin ich mir selbst näher als sonst. Und je öfter ich mir nahe komme, desto besser gelingt mein Leben.

Bücher sind Freunde

Eine jüdische Weisheit sagt: »Mach deine Bücher zu deinen Freunden.« Wenn es mir schlecht geht, nehme ich ein Buch, das mir einmal Trost gespendet hat. Es wird mir dann zum Freund, der mir einen größeren Horizont erschließt, vor dem ich meinen Kummer anders betrachten kann. Ein orientalisches Sprichwort sieht es ähnlich: »Ein Zimmer ohne Bücher ist wie ein Haus ohne Fenster.« In einem fensterlosen Haus ist es ungemütlich. Bücher bringen Licht in unser Leben. Und sie eröffnen uns eine weite Sicht. Wer durch das Fenster in die Weite schaut, dem wird sein Haus nie zu eng. Vielmehr ist es ihm mitten in der Unendlichkeit der Welt eine Herberge, in der er sich bergen mag, aber nicht verbergen muss: In einem Haus mit vielen Fenstern lebt man in der Spannung zwischen Enge und Weite, zwischen Ferne und Nähe, zwischen Geborgenheit und Fernweh. Beim Lesen gehen wir auf Reisen, ohne auch nur einen Fuß vor die Tür zu setzen. Wir werden erfahren, indem wir vielen Menschen und ihren Auffassungen vom Leben begegnen.

Schutz für die Seele

Für manchen klingt Selbstbeherrschung nach: Zähne zusammenbeißen, sich nichts anmerken lassen, seine Gefühle unter Kontrolle halten. Doch das ist nicht gemeint. Die Griechen sprechen von »autarkeia«. Autarkie besitzt der, der in seinem Bereich sein eigener Herr ist und sich nicht von anderen beherrschen lässt. Den Namen Mensch – so meinen die Griechen – verdient nur einer, der über sich selbst herrscht, der innerlich frei ist und weder von Lust und Laune noch von anderen Menschen beherrscht wird. Selbstkontrolle meint, dass ich mit meinen Gefühlen umgehe, anstatt mich von ihnen bestimmen zu lassen. Ohne Selbstbeherrschung gelingt das Leben nicht. Ich werde dann von anderen Menschen beherrscht, von Launen und Stimmungen. Die treiben mich um. Und ich werde gelebt, anstatt selbst zu leben.

Das Buch der Sprichwörter vergleicht einen Menschen, der ohne Selbstbeherrschung lebt, mit einer Stadt, die schutzlos allen Angriffen von außen ausgesetzt ist: »Wie eine Stadt mit eingestürzter Mauer ist ein Mann, der sich nicht beherrschen kann.« In eine Stadt, deren Mauer eingestürzt ist, kann jeder eindringen. Und die Menschen, die in so einer Stadt wohnen, fühlen sich nicht geborgen.

Selbstbeherrschung ist wie eine Mauer, die die Stadt meiner Seele schützt und mir einen Raum eröffnet, in dem ich zu Hause sein und mich bergen kann. Ein Mensch ohne Selbstbeherrschung kann sich weder abgrenzen noch verteidigen. Die Stadt ohne Mauern wird bald verwaist sein. Denn keiner wohnt gerne darin. Und der Mensch, der sich selbst nicht beherrscht, wird bald erfahren, wie leer sein Leben wird. Er wird sich selbst verlassen und so verwaist durch die Welt gehen. Leo Tolstoj hat es gültig formuliert: »Ein gutes und glückliches Leben ohne Selbstkontrolle – das hat es nie gegeben. Und das kann es nicht geben.«

Das kostbarste Gut

Vor allem die jüdische Weisheit hat sich mit dem Geheimnis der Zeit auseinandergesetzt. »Wer nicht auf die Zeit achtet, schreitet im Dunkel«, meint Mosche Ibn Esra. Wer einfach so dahinlebt, ohne auf den Augenblick zu achten, für den ist alles dunkel, sinnlos. Er lebt ohne Bewusstsein. Er ist unfähig, das Geheimnis der Zeit zu erspüren, und geht damit dem Geheimnis des Lebens aus dem Weg.

Rabbi Jaakow Emden hält die Zeit für das kostbarste Gut: »Die Zeit ist das kostbarste Gut. Man kann sie für Geld nicht kaufen.« Wer etwas kauft, will es besitzen. Die Zeit kann niemand besitzen. Sie wird uns geschenkt. Und nur der, der sie wahrnimmt und bewusst erlebt, erfährt sie als Geschenk. Allen andern entschwindet sie ständig: Sie jammern, dass sie so wenig Zeit haben; sie wissen nicht, wohin die Zeit gegangen ist. »Die Zeit ist der beste und klügste Lehrer.« (Abraham Ibn Esra) Sie lehrt uns, dass nur der wahrhaft lebt, der ganz bei sich ist, der ganz im Augenblick lebt. Und sie lehrt uns weiter, dass nur der weise ist, der die Begrenztheit der Zeit anerkennt, die ihm gegeben ist. Wir können nicht dem Geheimnis der Zeit nachspüren, ohne an den Tod zu denken, in dem unsere Lebenszeit an ein Ende kommt, um einzumünden in die zeitlose Zeit, in die Ewigkeit.

Was wirklich zählt

*D*ie Stunden, die zählen, sind die Stunden, die nicht gezählt werden«, sagt der hintersinnige Zeitphilosoph Karlheinz A. Geißler. Was wirklich zählt, das lässt sich nicht quantifizieren, nicht zählen und nicht messen. Glück ist immer zeitlos. Eine tiefe Erfahrung überschreitet die messbare Zeit. Wer seine Stunden zählt, der lebt nicht in der Gegenwart. Er zählt sie entweder aus Zeitvertreib, weil die Zeit langweilig ist. Oder aber er wartet auf ein wichtiges Ereignis. Als Kinder haben wir die Tage bis Weihnachten gezählt. Das hat der Adventszeit durchaus eine eigene Qualität gegeben. Dieses Zählen meint Karlheinz A.Geißler nicht. Denn ein solches Warten macht ja gerade sensibel für das Geheimnis der Zeit. Die Zeit hat etwas zu bieten. Sie hält etwas in ihrem Schoß für uns bereit, das uns beglückt.

Der Arbeiter zählt seine Stunden zusammen, um seinen gerechten Lohn zu bekommen. Meistens sind es aber gerade nicht die erfüllten Stunden, die wir zusammen rechnen. Es sind Stunden, die bezahlt werden. Stunden, die wir nicht zählen, sind unbezahlbar. Sie sind die kostbaren Augenblicke. Es sind Stunden, die nicht vorübergehen, die man nicht messen kann. Die Zeit steht still. Und solche Augenblicke zählen wirklich.

Erfüllung der Zeit

Über das Geheimnis der Zeit haben die Philosophen und Weisen seit jeher nachgedacht. Der hl. Augustinus meinte einmal, jeder wisse, was Zeit ist. Aber sobald wir länger darüber nachdenken, wissen wir es auf einmal nicht mehr. Die Zeit ist nicht zu fassen. Sie ist immer im Fluss. Und sie entschwindet uns mit jedem Augenblick: »Jedes Zeitteilchen, das man weiterlebt, wird von der Lebensdauer abgezogen, und tagtäglich wird weniger und weniger, was übrig bleibt, so dass die ganze Lebenszeit nichts anderes ist als ein Lauf zum Tode, bei dem niemand auch nur ein klein wenig stehen bleiben oder etwas langsamer gehen darf.« Die Zeit entschwindet uns. Nur im Augenblick ist sie greifbar. Aber festhalten können wir sie nicht. Es bedarf der Kunst, ganz im Augenblick zu sein, um dem Geheimnis der Zeit näher zu kommen. Dort, wo ich ganz präsent bin, fallen Zeit und Ewigkeit zusammen. Dort übersteige ich die Zeit und habe teil am Geheimnis der Ewigkeit. Ewigkeit bedeutet dabei nicht eine lange Dauer, sondern – nach der berühmten Definition des römischen Philosophen Boethius – »der vollkommene, in einem einzigen, alles umfassenden Jetzt gegebene Besitz grenzenlosen Lebens«. Wer fähig ist, ganz gegenwärtig zu sein, der tritt für einen Augenblick aus dem Kreislauf der Zeit heraus und berührt die stillstehende Zeit, die Ewigkeit. Der persische Dichter Rumi meint, dass nur der aus dem Kreislauf der Zeit herauszutreten vermag, der in den Kreislauf der Liebe eintritt: »Trete aus dem Kreislauf der Zeit heraus und in den Kreislauf der Liebe hinein.« In der Liebe berühre ich etwas, das dauert. Der französische Philosoph Gabriel Marcel hat das in dem Wort ausgedrückt: »Lieben, das heißt zum andern sagen: ‚Du, du wirst nicht sterben.‘« Die Liebe überdauert die Zeit. Sie lässt die Zeit stillstehen. Sie ist die Erfüllung der Zeit.

Von der inneren Balance

Sei offen für alles, was dir begegnet, aber folge deinem eigenen Stern

Lass dich anregen von allem, was dir begegnet.
Geh hinein in das Geheimnis des Lebens.
Sei offen für alles.
Versuche die Höhen und Tiefen des Lebens zu erforschen.
Sei vor allem offen für die vielen Begegnungen, die du täglich
erleben darfst.
Lass dich durch jede Begegnung wandeln.
Wachse immer mehr in deine eigene einmalige Gestalt hinein
durch jeden Menschen, der dir auf deinem Weg begegnet.
Aber folge dabei immer auch deinem eigenen Weg.
Blicke auf deinen eigenen Stern. Sei achtsam auf dich selber.
Entwickle ein gutes Gespür für deine eigene Identität.

Sei achtsam für das, was dich ganz persönlich ausmacht.
Du bist einmalig und einzigartig.
Grenze dich gut ab, bevor du dir selbst verloren gehst.
Setze eine Grenze, wenn deine Energie aus dir heraus fließt.
Halte inne, wenn deine eigenen Konturen zu verschwimmen
drohen.
Spüre in dich hinein. Erspüre, was für dich stimmt.
Richte dich nicht nach den anderen.
Lebe so, wie es dir zuinnerst gemäß ist.

Achte immer darauf, was dein Wesen ausmacht.
Du wirst es erkennen, wenn du im Einklang bist mit dir selbst.
Wenn du in dir einen tiefen Frieden fühlst.
Du wirst es spüren, wenn dein Leben in dir fließt.

Lass dich ein auf deine Zeit,
aber suche deinen eigenen Rhythmus

Geh gut um mit deiner eigenen Zeit.
Sie ist deine Lebenszeit.

Vieles wird von dir gefordert.
Versuche es nach deinem eigenen Rhythmus zu tun.
Erwartungen anderer versuchen dich zu bestimmen.
Lass dich nicht vom Termindruck beherrschen.
Lass den Druck los, der auf dir lastet.
Alles hat seine Zeit.
Konzentriere dich auf den Augenblick.
Er gehört dir. Lass dir Zeit.

Sieh deine Zeit positiv.
Jammere nicht, dass du keine Zeit hast.
Zeit ist immer geschenkte Zeit.
Begrüße am Morgen die Zeit.
Sie ist dir heute geschenkt.
Nimm dir immer wieder Zeit für dich selber.
Und geh mit deiner Zeit bedacht um.
Lass sie fließen. Nimm sie wahr. Erspüre ihr Geheimnis.

Nimm die verschiedene Qualität der Zeit wahr:
die langsame Zeit des Essens und Genießens,
die ruhige Zeit des Gehens und Meditierens
und die schnelle Zeit der raschen und effektiven Arbeit, in der
du Lust daran hast, dass dir die Arbeit gut von der Hand geht.
Lass die Fixierung auf die Zeit los.
Dann hast du auf einmal Zeit.

Du wirst erfahren: Du hast genügend Zeit.
Es kommt nur darauf an, wie du die Zeit siehst,
wie du sie ordnest, wie du mit ihr umgehst.

Die Zeit ist dir geschenkt. Genieße dein Geschenk.
Betrachte sie als Freund.
Sie ist ein Engel, der dich durch deinen Tag begleitet.
Er führt dich ein in das Geheimnis deines Lebens.

Gestalte die Welt,
aber gehe nicht in ihr auf

Überlege: Wo gestaltest du diese Welt?
Wo engagierst du dich?
Wo ist dir schon einiges gelungen?

Und dann stelle dir vor:
Wie sieht dein Engagement aus, wenn du zwar in der Welt, aber
nicht von der Welt bist?
Wenn du alles, was du tust und was an dich herangetragen wird,
wie von außen, wie in einem Theater anschaust?
Vielleicht denkst du, das wäre Flucht.
Aber du machst es dann eher wie ein Theaterregisseur.
Du lässt dir von anderen nicht die Spielregeln aufzwingen.
Du schaust zu und entscheidest, wann du eingreifst.
Du hast inneren Abstand zu den vielen Spielen, die um dich
herum gespielt werden.
Du lässt dich nicht in jedes Spiel hinein drängen.
Du bist frei.
Nur dann kannst du das Spiel so gestalten, dass es für dich stimmt.

Du kannst dir noch etwas anderes vorstellen:
Du sitzt ganz im Einklang mit dir.
Du spürst dich und hast das Gefühl,
du bist ganz in deiner Mitte.
Dann stell dir vor:
Du gehst in deine Arbeit.
Was würdest du zuerst anpacken?
Wie würdest du die Dinge in die Hand nehmen?
Wie würdest du auf Konflikte reagieren?

Du wirst erleben, dass du viel ruhiger bist.
Dass du viel klarer deine Arbeit tun würdest.
Das würde sie effektiver werden lassen.
Du würdest die Welt dann wirklich mitgestalten
anstatt dich von dem Druck auffressen zu lassen.

Wenn du bei dir bist, mit deiner Mitte in Berührung,
in gutem Abstand zu dem, was um dich herum passiert,
dann hast du einen größeren Überblick,
dann hast du auch größere Unabhängigkeit und Freiheit.
Dein Engagement für die Welt wird mehr Segen bringen.
Du wirst neue Ideen entwickeln.
Und du selbst bleibst dabei gelassen.
Du reibst dich nicht auf.
Und du hast genügend Energie,
die Probleme anzupacken
und dein Leben zu gestalten.

Suche innere Stärke,
die in der Hingabe liegt

Finde die richtige Balance
zwischen der Hingabe und dem eigenen Ich,
zwischen Sich-Bewahren und Sich-Abgrenzen.
Es ist nicht immer einfach.
Aber es tut gut, nach dieser Balance zu suchen.

Achte gut auf deine Gefühle,
damit du für dich die richtige Balance entdeckst.

Spüre in dich hinein:
Wie wirkt sich Hingabe auf dich selber aus?
Es ist gut, wenn du dich dabei lebendig fühlst.
Wenn du dich aber ausgenutzt fühlst, wenn du Bitterkeit in dir
spürst, dann ist es ein Hinweis:
Es ist gut, dass du dich besser abgrenzt.

Wichtig ist, dass du dich frei fühlst.
Vielleicht ist dir Hingabe zur bloßen Pflicht geworden.
Dann wird die Hingabe zum Zwang.
Und du verlierst deine Mitte.

Vielleicht ist dir die Abgrenzung zum Bedürfnis geworden.
Spüre in dich hinein und versuche herauszufinden,
wie deine Abgrenzung sich auf dich selber auswirkt.

Frage dich:
Schenkt diese Abgrenzung dir inneren Frieden?
Oder wird dein Leben dadurch unfruchtbar?

Spüre in dich hinein:
Entscheidend ist, dass dein Leben fließt.
Immer wenn es strömt und wenn du dabei mit dir im Einklang
bist, darfst du vertrauen, dass du das richtige Gleichgewicht
zwischen Abgrenzen und Hingeben gefunden hast.

Spüre in dich hinein:
Schöpfst du aus der inneren Quelle des göttlichen Geistes?
Oder aus deinem eigenen Reservoir von Kraft und Liebe?

Du wirst spüren:
Wenn du aus der göttlichen Quelle schöpfst,
dann wird es aus dir herausströmen, ohne dich zu erschöpfen.
Denn die göttliche Quelle ist unerschöpflich.

Übernimm Verantwortung und fördere andere

Spüre deinem eigenen Verhalten nach:
Gehst du der Verantwortung lieber aus dem Weg?
Oder übernimmst du überall und ungefragt Verantwortung?

Hast du für dich wirklich das richtige Maß gefunden?
Wenn du unter der Verantwortung zusammenbrichst,
ist es ein Zeichen: Du hast dich übernommen.
Aber wenn du allen Problemen aus dem Weg gehst und immer
auf die anderen hoffst, und erwartest, dass sie die Konflikte
lösen, dann solltest du dich in Verantwortlichkeit einüben.
Es tut dir selbst nicht gut, vor der Verantwortung davonzulaufen.

Frage dich: Wo möchtest du gerne zupacken?
Und stell dir vor: Wie wäre es, wenn Du in dieser oder jener
Sache, für diesen oder jenen Menschen konkrete Verantwortung
übernehmen würdest?

Vielleicht kommen dann Ängste hoch.
Komm mit diesen Ängsten ins Gespräch.
Dann werden sie sich relativieren.

Vielleicht spürst du aber, dass du durch die Verantwortung an
Stärke und Selbstvertrauen wachsen würdest.
Dann wäre es eine Einladung. Nimm die Einladung an.
Übernimm mehr Verantwortung. Das wird dir gut tun.
Und es wird gut sein für andere Menschen.

Sei achtsam auf dein eigenes Verhalten:
Wie gehst du mit dir selbst und mit Menschen um?
Jammerst du über deine Vergangenheit?
Oder hast du dich mit ihr ausgesöhnt?
Bist du dankbar für die Gaben, die du von deinen Eltern mitbe-
kommen hast?
Oder beklagst du nur, was alles sie dir nicht gegeben haben?

Überlege, wie du mit anderen umgehst:
Weckst du in ihnen Leben?
Oder hinderst du sie daran, das zu entfalten, was in ihnen liegt?
Wenn du sie am Leben hinderst, dann wirst du erkennen, dass
du dein eigenes Leben blockierst.

Wenn du merkst, dass es so ist:
Dann solltest du vor solcher Erkenntnis nicht erschrecken.
Verstehe auch das als Einladung.
Wie wäre es, anders mit ihnen umzugehen.
Wie wäre es, wenn du in ihnen Leben wecken würdest?
Wie würde es dir selber dabei gehen?
Und wie den anderen?

Meditiere dich in die Menschen hinein, die dir anvertraut sind
und die dir täglich begegnen:
Was möchte in ihnen zum Leben kommen?

Versuche, den Schlüssel zum anderen zu finden.
Hilf einem Menschen zu mehr Leben.
Dann wirst du selbst beschenkt.
Du selbst wirst lebendiger werden.

Verlier dich nicht in der Arbeit,
aber was du tust, tue gern

Achte auf deine eigene Seele.
Spüre in dich hinein, wenn du morgens zur Arbeit gehst.
Gehst du gerne oder regt sich in dir Widerstand?
Wogegen richtet sich der Widerstand?
Sind es Menschen, vor denen du Angst hast?
Ist es eher das Gefühl, in der Arbeit ausgenutzt zu werden?
Oder zeigt dir der Widerstand, dass du besser für dich selber
sorgen musst, dass es einfach zuviel ist für dich?
Achte auf die Regungen deiner Seele.
Sie sagen dir, was für dich das richtige Maß ist.

Auch wenn du den Eindruck hast, dass alles zu viel für dich ist:
Geh nie mit einem grollenden Herzen in die Arbeit.
Damit schadest du dir selbst und den anderen.

Versuche dich positiv einzustimmen:
Ich habe »ja« gesagt zu dieser Arbeit. Also will ich sie gut verrichten.
Wenn der Widerstand trotzdem bleibt, dann solltest du die
Arbeit entweder anders organisieren oder manches abschneiden.
Oder du musst eine andere Einstellung zur Arbeit finden.

Mach dir bewusst: Die Arbeit ist nicht immer angenehm.
Aber zum Leben gehört auch, dass wir im Schweiße unseres
Angesichts unser Brot verdienen müssen.

Es ist deine Verantwortung, dich für die Arbeit zu motivieren.
Wenn du sie gerne tust, tust du dir selbst den größten Gefallen.

Liebe die Gegenwart
und lerne, gelassen zu sein

Versuche, die Gelassenheit einzuüben, indem du einfach mal die
Dinge betrachtest, die du siehst.
Schaue dein Zimmer an, ohne etwas daran ändern zu wollen.

Erfreue dich an dem, was ist.
Spüre dich in die Dinge hinein. Höre, was sie dir sagen.
Schaue in die Landschaft, ohne sie im Bild festhalten zu wollen.
Schau auf die Wirklichkeit, ohne sie umzugestalten.
Nimm wahr, was ist, und lass es so sein.

Sei gelassen und du wirst neue Erfahrungen machen.
Du wirst einen tiefen inneren Frieden spüren.
Du wirst die Schönheit in allem erkennen.
Du wirst die inneren Zusammenhänge entdecken.
Und du wirst immer freier vom Zwang,
freier davon, alles nach deinen Vorstellungen ändern zu müssen.

Lass die Dinge, wie sie sind.
Lass deine Vorstellungen los.
Dann blühen die Dinge auf.

Lass den andern so, wie er ist.
Sei es dein Freund oder auch dein Feind:
Verzichte darauf, einen anderen ändern zu wollen.
Betrachte ihn einfach.
Meditiere dich in ihn hinein:
Er ist, wie er ist.
Sie ist, wie sie ist.

Deine ungeduldigen Erwartungen werden abfallen.
Er darf sein, wie er ist.
Sie darf sein, wie sie ist.
Es ist gut, dass sie so ist, wie sie ist.
Es ist gut, dass er so ist, wie er ist.

Und du wirst entdecken, was in ihm und was in ihr steckt:
an Weisheit, an Kraft, an Sehnsucht, an Liebe.
Die Gelassenheit wird dich reich beschenken.
Sie wird dir ein guter Führer sein, mit Menschen liebevoll umzugehen.

Gelassen kannst du ganz gegenwärtig sein.
Gelassen kannst du den Augenblick genießen.
Gelassen bist frei vom Druck.
Du musst nicht alles Mögliche erleben.
Du erfährst das Leben in Fülle.
Und du wirst spüren: Mehr gibt es nicht.

Lebe deine Werte,
aber bewerte nicht andere

Versuche, den Wert des Satzes zu erfahren:
»Ich bin die Herrlichkeit Gottes.«

Was bedeutet dieser Satz, wenn du ihn meditierst?
Erfühle, was er für dich bedeutet.
Spüre deinen kostbaren Wert.

Den eigenen Wert zu spüren, macht dich frei.
Die Bewertung anderer wird unwichtig.
Du selbst musst andere nicht beurteilen.
Sie dürfen sein, wie sie sind.
Du weißt: Auch sie haben eine unantastbare Würde.
Du spürst: Auch in ihnen leuchtet Gottes Herrlichkeit auf.

Du kannst das erste Werturteil vielleicht nicht verhindern.
Es mag sich spontan in deinem Kopf bilden.
Aber es muss sich nicht festsetzen.
Lass es sein.

Sag dir selber: Es steht mir nicht zu, über andere zu richten.
Sie sind, wie sie sind. Gott kennt sie.
Ich muss sie nicht in ihrem Innersten durchschauen.
Ich überlasse das Werten Gott.

Lass dein Urteilen.
Und du wirst selber freier und gelassener werden.

Kämpfe für deine Ziele,
aber suche auch Frieden

Kampf und Frieden sind Pole jedes Lebens.
Auch dein Leben pendelt zwischen diesen beiden Polen
hin und her.
Mach dir bewusst: Der Friede ist nicht nur Ergebnis des
Kampfes.
Lerne zu unterscheiden, was in einer konkreten Situation geboten ist: Kämpfen oder Frieden-Schließen.
Manchmal lohnt es sich nicht zu kämpfen.
Da ist es wichtiger, mit dir und mit der Situation um dich herum Frieden zu schließen.
Bleibe klar und konsequent.
Ein zu früher Friedensschluss kann ein fauler Kompromiss sein.
Weiche einem notwendigen Konflikt nicht aus.
Oft führt nur der durchgestandene Konflikt zu einer wirklichen
Lösung.
Entwickle ein gutes Gespür dafür:
Was stimmt für dich jetzt in diesem Augenblick?

Sei dir immer bewusst: Das Ziel ist nicht das Kämpfen.
Das Ziel ist der Friede.
Frage immer: Wann ist die Zeit zum Kämpfen?
Und wann ist die Zeit zum Frieden-Schließen?
Spüre in dich hinein:
Dort, wo du tief in deinem Herzen Frieden spürst, da findest du
das Richtige.

Es kann sein, dass du spürst: Es geht darum, den Konflikt
durchzustehen. Dann kämpfe für deine Ziele.

Es kann aber auch sein, dass du tief in deinem Innern spürst: Es lohnt sich nicht, weiterzukämpfen. Die Zeit des Friedens ist da. Dann trau dem Frieden und jage ihm nach!

Sei gut zu dir selbst
und öffne dein Herz für andere

Ein Herz für dich selber haben und dein Herz für andere zu öffnen, das ist nicht immer einfach.
Aber es sind doch zwei Seiten einer Wirklichkeit.
Wenn die Balance zwischen beidem glückt, dann kann dein Leben gelingen.

Versuche für dich selber herauszufinden:
Wie kann dir die Balance gelingen?
Hast du das Gefühl, dass eine Seite zu kurz kommt?
Finde heraus: Wie kann das Gleichgewicht wieder hergestellt werden?

Spüre in dich hinein, wie es dir geht:
Fühlst du dich ausgenutzt?
Das ist ein Alarmzeichen.
Dann solltest du besser mit dir umgehen.
Macht dir das Engagement für andere Freude?
Dann genieße es auch.
Dann tut es dir und dem anderen gut.

Spüre auch negativen Gedanken nach:
Macht dir etwas ein schlechtes Gewissen: »Ich müsste doch eigentlich mehr für andere tun.«
Oder: » Sich selbst etwas zu gönnen, ist Egoismus.«

Schau solche Gedanken genauer an: Sind sie berechtigt?
Oder erinnern sie dich an deine Kindheit?
Sind sie bestimmt von deiner Erziehung?

Ist dir ausgetrieben worden, an dich selbst zu denken?
Trifft das für dich zu?
Dann ist es wichtig, dass du dich mit deinem Lebensmuster aussöhnst, aber zugleich davon distanzierst.
Diese Gedanken werden immer wieder in dir auftauchen, sobald du dir etwas Gutes tust.
Aber dann sage zu dir selber: »Ja, ich kenne diesen Gedanken, das schlechte Gewissen, wenn ich für mich sorge.
Aber ich distanziere mich jetzt von diesem schlechten Gewissen. Ich gönne mir die Zeit für mich selbst. Ich traue mich, ein Bedürfnis zu erfüllen, das ich mir längst verboten hatte.«

Geh auf diese Weise gut mit dir um. Und du wirst in dir auch wieder das Bedürfnis haben, für andere zu sorgen.
Denn du spürst, dass es dir letztlich auch gut tut, wenn du nicht immer nur um dich kreist, sondern auf andere zugehst und sie beschenkst.
Wenn du dich mit offenem Herzen einem anderen zuwendest, dann empfängst du selber Zuwendung und Verständnis.
Und das darfst du auch mit gutem Gewissen genießen.

Sei dankbar für dein Leben.
Sei dankbar für die Begegnung mit einem Menschen, dem du dich mit offenem Herzen zugewandt hast.
Diese Dankbarkeit ist gut. Und sie tut dir selber gut.

Stell dich deiner Angst –
verwandle sie in Lebenskraft

Lerne mit deiner Angst richtig umzugehen.
Stell dich ihr, verleugne sie nicht – verwandle sie.
Angst ist eine Lebenskraft.
Sie will dir etwas sagen. Höre auf sie.
Lauf vor deiner Angst nicht davon.
Klammere dich auch nicht an deine Angst.
Schau sie an, ohne Angst vor ihr zu haben.

Frage dich, wozu dich deine Angst befähigen möchte.
Wo lädt dich deine Angst ein, zu fliehen?
Wo fordert sie dich auf, eine Aufgabe zu lassen, weil sie dich
überfordern würde?
Und wo ist die Angst eine Herausforderung?
Wo hindert sie dich, der Wirklichkeit ins Auge zu sehen?
Wo fordert sie dich auf, dich der Auseinandersetzung zu stellen?
Wo motiviert sie dich, dich aufmerksam und unter Anstrengung
aller Kräfte und Fähigkeiten in den Kampf einzulassen?
Geh achtsam mit deiner Angst um.
Dann wirst du etwas Wichtiges erfahren.
Du wirst erfahren, dass deine Angst für dich zum Freund wird.
Du musst sie gar nicht bekämpfen.
Du brauchst sie dir nicht zu verbieten. Sie darf sein.

Angst hat eine wichtige Aufgabe in deinem Leben.
Sie möchte dich in Berührung bringen mit einer Kraft in dir.
Es ist eine Kraft, die Gott dir geschenkt hat.
Sie möchte dich in Berührung bringen mit dem Maß in dir.
Es ist ein Maß, das für dich stimmt.

Deine Angst erinnert dich an deine Begrenztheit.

Sie weist dich hin auf deine Endlichkeit.

Aber sie schützt dich dadurch, dass sie dir diese Grenze zeigt und deine Endlichkeit bewusst macht.

Und sie kann dir einen Hinweis geben, über die eigene Begrenztheit hinaus.

Nimm auch das Unfassbare an der Grenze deiner eigenen Existenz wahr, das das Geheimnis deines eigenen Lebens ist.

So kann Angst zu einer Lebenskraft werden, die dir gut tut.

Zu einer Kraft, die dich nicht einengt, sondern befreit.

Es gibt nicht nur Sonnentage – nimm Krisen auch als Chance

Sieh dein Leben realistisch.
Es kann nicht nur aus hellen Tagen bestehen.
Sei dankbar, wenn du von größeren Krisen verschont warst.
Schau auf deinen eigenen Lebensweg.
Auch du bist durch schwierige Zeiten gegangen.
Oft haben sie sich im Nachhinein als Weg in eine größere Reife und Weisheit herausgestellt.
Auch in deinem Leben wird es wieder Krisen geben.
Aber nimm sie nicht nur als Bedrohung.
Entdecke in ihnen auch eine mögliche Chance.
Unser aller Leben verläuft nicht nur glatt.

Wenn wir in der Krise stecken, sehen wir meist keinen Sinn darin. Wir wehren uns dagegen.
Wir möchten die alte Sicherheit wieder erlangen.
Eine Krise kommt meist unerwartet.
Wenn sie kommt, gerate nicht in Panik.
Freunde dich mit der Situation an.
Frage dich, was sie dir sagen möchte.
Höre auf, die Schuld nur bei dir oder nur bei anderen zu suchen.
Ein Leben ohne Schwierigkeiten gibt es nicht.
Glaube es nicht, wenn jemand dir das einredet.

Krisen enthalten die Chance, zu wachsen.
Frage dich, wo du bisher zu einseitig gelebt hast.
Versuche, in neue Bereiche deines Menschseins vorzustoßen.
Versuche, neu für den Grund deines Lebens offen zu werden.
Schau nach vorne.

Lebe deine Sehnsucht,
denn das, was ist, ist nicht alles

Lebe deine Sehnsucht, denn das, was ist, ist nicht alles.
Frage dich jeden Tag, wie du deine Sehnsucht leben kannst.
Lass deine Sehnsucht zu.
Wir tragen in uns etwas, was diese Welt übersteigt.

Gib deiner Sehnsucht Ausdruck im Singen.
Erfahre sie im Tanzen.
Spüre ihr nach beim Betrachten eines Bildes.
Halte die Flamme in dir wach.
Versuche mit jeder Sehnsucht, die in dir aufsteigt, dein Leben
anzuschauen.
Sehnsucht ist keine Flucht vor dem Leben.
Sehnsucht ist intensiveres Leben.
Sie ist nichts, was dich vertröstet.
Sie führt dich mitten ins wahre Leben.
Hier und jetzt.

Lass sie nicht zudröhnen vom Lärm des Alltags.
Lass sie nicht zuschütten von der Banalität des Konsums.
Lass dich nicht vertrösten von leeren Versprechungen.
Spüre in dir selber die Höhen und Tiefen deines Lebens.
Mach dich auf und folge dem, was deine Sehnsucht dir zeigt:
die Spur des unbegreiflichen Geheimnisses deines Lebens.

Die Sehnsucht führt dich zum wahren Reichtum deiner Seele.
Sie führt dich zu dem, der dein Herz mit Licht und Liebe erfüllt.
Zu dem, der das Ziel aller Sehnsucht ist.

Immer wieder: Suche die Stille

Suche die Stille, immer wieder.
Suche dir Orte aus, an denen du gerne bist.
Wähle einen Platz, an dem du gut still werden kannst.
Vielleicht ist es für dich eine Kirche,
abseits vom Lärm der Straßen.
Eine Kirche, in der schon seit Jahrhunderten Menschen gebetet
haben.
An einem solchen Ort ist die Stille manchmal körperlich spürbar.
Vielleicht kennst du auch in der Natur Orte der Stille.
Einen ruhigen Wald. Eine einsame Landschaft.
Abgelegene Feldwege, die nur du gehst.

Suche die Stille. Immer wieder.
Suche sie besonders, wenn du innerlich unruhig bist.
Und wundere dich nicht, wenn die Unruhe nicht sofort ver-
schwindet.

Wenn du merkst, dass du gar nicht schweigen kannst,
beunruhige dich nicht.
Dann versuche erst einmal zu gehen.
Das Gehen kann dich vom inneren Lärm befreien.
Denke beim Gehen nicht über deine Probleme nach.
Gehe dich einfach frei. Überlasse dich ganz dem Gehen.
Dann wird es dich in die Stille führen.

Wenn du nach der Wanderung stehen bleibst,
spüre deinem Inneren nach.
Achte auf die Veränderung.

Du wirst auf einmal die Stille wahrnehmen.

Du kannst sie genießen.

Und du wirst spüren: In der Stille bin ich eingehüllt von einer heilenden und liebenden Nähe.

Du wirst spüren: Hier bin ich ganz da. Ich brauche nichts zu machen.

Ich bin in der Stille.

Ich bin bei mir.

Ich bin in Gott.

Und in Ihm ist alles, wonach ich mich sehne.

Von Engeln begleitet

160 Seiten | Kartoniert
ISBN 978-3-451-03230-1

Schutzengel, Engel, die trösten und Engel, die Mut machen – Anselm Grün führt uns in die biblischen Geschichten der Engel ein. Doch Engel begleiteten nicht nur die Menschen der Bibel. Engel gehen auch heute alle unsere Wege mit und vermitteln Schutz und Geborgenheit gerade dort, wo wir uns mit unserer Angst alleine fühlen. Eine tröstliche Botschaft, die den fernen und unbegreiflichen Gott hineinholt in die Alltagswirklichkeit.

In jeder Buchhandlung!

HERDER

www.herder.de